ANALYSEN UND REFLEXIONEN
Band 54

Harro Gehse

Joseph von Eichendorff

Aus dem Leben eines Taugenichts

Interpretationen und unterrichtspraktische Vorschläge

Joachim Beyer Verlag – Hollfeld

4. Auflage 2001

ISBN 3-88805-179-7

Druck: Tiskárny Vimperk, a. s.

Inhalt

1 Romantik – Aufstand der Subjektivität

Als Gegenwelt zu der gesellschaftlichen und individuellen Wirklichkeit ist Literatur immer kompensatorisch auf ihre Zeit bezogen, ist Ausdruck einer verborgenen historischen Seelengeschichte, unabhängig davon, welche Position sie auch immer gegenüber den Zeittendenzen beziehen mag.
Am Anfang des 19. Jahrhunderts ist das historisch gesellschaftliche Feld gekennzeichnet durch Rationalismus und systematisches Denken, Vergötterung des Intellekts, utilitaristische Vorurteile, optimistischen Fortschrittsglauben, durch um sich greifendes Massen- und Maschinenwesen, kurz: durch die beginnende Moderne. Das Individuum ist einer Reihe von Spannungen ausgesetzt: Ich und Welt, Einzelner und Gesellschaft, Ideal und Wirklichkeit, Geist und Natur, erlittenes Schicksal und innere Bestimmung, Reflektion und Selbstgewissheit des Fühlens und Tuns, Spezialisierung und Universalität, Tradition und Modernität, „Sein“ und Haben.[1)]
Glaubte die Kunst der Klassik als Medium von Bildung und Humanität noch, diese Spannungen ausgleichen zu können, so steht in der Kunst der Romantik[2)] die reflektierende und empfindsame Subjektivität gegen die wirkliche, die prosaische Welt auf. Eine bedeutende Rolle spielen dabei Denkelemente des subjektiven Idealismus Johann Gottlieb Fichtes, der die Existenz der „Dinge an sich“ außerhalb des Bewusstseins verwirft und im „reinen Ich“, dem allgemeinmenschlichen Bewusstsein, die einzige Realität sieht. Der Mensch ist der allmächtige Schöpfer des Seins: „Es wird demnach hier gelehrt, dass alle Realität bloß durch die Einbildungskraft hervorgebracht werde“[3)]. In diesen Anschauungen findet die Sehnsucht der Romantiker nach Freiheit und Unabhängigkeit des schöpferischen Individuums und die Willkür des sich an nichts bindenden und durch nichts gebundenen Subjekts ihre theoretische Begründung.

---

1) Vgl. Nipperdey, Deutsche Geschichte, S. 570; Craig, Über die Deutschen, S. 216 – 239

2) Die zeitliche Eingrenzung der Epoche ist nicht eindeutig festlegbar: 1795/98 – 1820/35

3) Zitiert nach: Deussen, Neuere Philosophie, S. 308

Die Kunst ist nicht mehr dem Aristotelischen Prinzip der Nachahmung verpflichtet, sondern relativiert und entmächtigt die Wirklichkeit, ist „frei schaffende Wirksamkeit der Phantasie" wie August Wilhelm Schlegel (1767 – 1845) in den „Vorlesungen über schöne Literatur und Kunst" proklamiert.[4] Frei kann sie jedoch nur sein, wenn sie sich selbst das Gesetz gibt und keiner Ordnung außerhalb ihrer selbst unterworfen ist.

Sein Bruder Friedrich Schlegel (1772 – 1829) fasst das Konstitutive der romantischen Kunst in folgender Notiz zusammen: „Chaos und Eros sind die beste Erklärung des Romantischen." Chaos besitzt für die Romantiker keinerlei negative Konnotation, sondern wird positiv als der Zustand interpretiert, in dem Gang und Gesetze der vernünftig denkenden Vernunft aufgehoben sind, und die schöne Verwirrung der Phantasie, die ursprüngliche menschliche Natur wiederhergestellt ist.[5] Der antike Weltschöpfungsmythos Eros dringt in diese amorphe Materie und durch diese Berührung der Liebe entsteht aus dem unendlich vollen Chaos eine harmonische Welt. Der Rekurs auf Eros und Chaos symbolisiert die Korrelation von „frei schaffender Wirksamkeit der Phantasie" zur Negation der Illusion einer stehenden, etablierten Welt.[6]

In ihrer Dichtung verehren die Romantiker das Ursprüngliche und sind fasziniert von der Geschichte und den Schlüsseln zu deren Geheimnissen wie Volkslied und Märchen. Sie konstruieren unter anderem ein idealisiertes Mittelalterbild christlicher Religiosität, so schreibt Novalis in seinem Fragment „Die Christenheit oder Europa" im Jahre 1799: „Es waren schöne, glänzende Zeiten, wo Europa ein christliches Land war, wo *Eine* Christenheit diesen menschlich gestalteten Welttheil bewohnte; *Ein* großes gemeinschaftliches Interesse verband die entlegensten Provinzen dieses weiten geistlichen Reichs. – Ohne große weltliche Besitzthümer lenkte und vereinigte *Ein* Oberhaupt, die großen politischen Kräfte . . . Jedes Glied dieser Gesellschaft wurde allenthalben geehrt . . . Wie heiter konnte jedermann sein irdisches Tagewerk vollbringen, da ihm durch diese heiligen Menschen eine sichere Zukunft bereitet, und

---

4) Vgl. Preisendanz, Zur Poetik der deutschen Romantik I, S. 54–74, passim
5) Vgl. Fr. Schlegel, Gespräch über die Poesie, S. 305
6) Vgl. Preisendanz, Zur Poetik der deutschen Romantik I, S. 64

jeder Fehltritt durch sie vergeben, jede missfarbige Stelle des Lebens durch sie ausgelöscht, und geklärt wurde ... Aemsig suchte, diese mächtige friedensstiftende Gesellschaft, alle Menschen dieses schönen Glaubens theilhaftig zu machen ... Mit Recht widersetzte sich das weise Oberhaupt der Kirche, frechen Ausbildungen menschlicher Anlagen auf Kosten des heiligen Sinns, und unzeitigen gefährlichen Entdeckungen, im Gebiete des Wissens."[7]

Neben dieser verzückten Rückwendung um ein halbes Jahrhundert gewinnt die Naturphilosophie Friedrich Wilhelm Schellings (1775–1854) für die Ideologie der Romantik Bedeutung. Anknüpfend an Spinoza und Fichte sucht Schelling in seiner „Identitätslehre" („Ideen zu einer Philosophie der Natur", 1797) den Dualismus Kants zu überwinden, indem er Natur und Geist identifiziert. Den Entwicklungsprozess in der Natur mystifizierte Schelling als Selbstentwicklung des Weltgeistes. Er erhob die „intellektuelle Anschauung" als intuitiv-poetische Erahnung der Weltzusammenhänge zum Erkenntnisprinzip und schloss den Verstand als Erkenntnismittel weitgehend aus. In seinen späteren Jahren vertrat Schelling die Auffassung, dass die Harmonie von Notwendigkeit und Freiheit, von bewusstloser und bewusster Tätigkeit in der organischen Natur angelegt sei, jedoch erst in der Kunstanschauung zu eigentlicher Erfüllung gelange: „Wenn die ästhetische Anschauung nur die objektiv gewordene transzendentale ist, so versteht sich von selbst, dass die Kunst das einzig wahre und ewige Organon zugleich und Dokument der Philosophie sei, welches immer und fortwährend aufs neue bekundet, was die Philosophie äußerlich nicht darstellen kann, nämlich das Bewusstlose im Handeln und Produzieren und seine ursprüngliche Identität mit dem Bewussten. Die Kunst ist eben deswegen dem Philosophen das Höchste, weil sie ihm das Allerheiligste gleichsam öffnet, wo in ewiger und ursprünglicher Vereinigung in einer Flamme brennt, was in der Natur und Geschichte gesondert ist und was im Leben und Handeln ebenso wie im Denken ewig sich fliehen muss."[8]

7) Novalis, Schriften. Bd. 3, S. 507f.
8) Zitiert nach: Deussen, Neuere Philosophie, S. 329

Zum fundamentalen Stilprinzip wird in der Romantik die „Ironie" erhoben.[9] Als philosophisches Vermögen befreit sie den Künstler von blinder Gebundenheit an Bedingtes und ermöglicht ihm, auf diese Weise zu einer kritischen, freien Selbstbestimmung zu gelangen: „In ihr [der Ironie, d. Verf.] soll alles Scherz und alles Ernst sein, alles treuherzig offen, und alles tief verstellt. Sie entspringt aus der Vereinigung von Lebenskunstsinn und wissenschaftlichem Geist, aus dem Zusammentreffen von vollendeter Naturphilosophie und vollendeter Kunstphilosophie. Sie enthält und erregt ein Gefühl von dem unaufhörlichen Widerstreit des Unbedingten und Bedingten, der Unmöglichkeit und der Notwendigkeit einer vollständigen Mitteilung. Sie ist die freieste aller Lizenzen, denn durch sie setzt man sich über sich selbst weg."[10] Diese Bestimmung der Ironie eröffnet allerdings die Möglichkeit, dass die von den Romantikern feierlich abgesetzte Vernunft sich von Fall zu Fall durch die Hintertür wieder einschleichen kann.
Das Wissen um einen unaufhebbaren Zwiespalt im Ganzen der Welt und damit das Wissen um das Vorläufige, Relative und Unvollendbare in allen Formen der Existenz bleibt ein erregendes und beunruhigendes Problem für alle Romantiker. „Die romantische Dichtart ist noch im Werden; ja das ist ihr eigentliches Wesen, dass sie ewig nur werden, niemals vollendet sein kann. Sie kann durch keine Theorie erschöpft werden, und nur eine divinatorische Kritik dürfte es wagen, ihr Ideal charakterisieren zu wollen. Sie allein ist unendlich, wie sie allein frei ist, und das als ihr erstes Gesetz anerkennt, dass die Willkür des Dichters kein Gesetz über sich leide."[11] Die romantische Poesie weiß, dass sie nie das Ganze, nie das Unendliche ist, sondern immer nur ein Teil, eine ferne Nachbildung einer unvollendbaren Annäherung an das Unendliche. Mit dem Mittel der Ironie ist dem Künstler die Chance gegeben, dieses „Nur" seiner Produktion sowohl in angemessener Form darzustellen, als auch diesen ewigen Mangel zu ertragen. Ein moderner Meister der Ironie hat das Wesen dieses Stilprinzips treffend definiert. In einem Brief vom 11. Novem-

9) Vgl. Strohschneider Kohrs, Zur Poetik der deutschen Romantik II, S. 75 97
10) Fr. Schlegel, Kritische Fragmente, S. 21
11) Ders., Athenäums-Fragmente, S. 38

ber 1939 schreibt Thomas Mann, die Ironie „im weiteren und größeren Sinn" bedeute für den Künstler: „Distanz, apollinische Meisterschaft, Freiheit."[12)]

Zeitgenössische Kritiker der Romantik weisen immer wieder auf den Mangel an Tatkraft und das Ausweichen in eine Welt der Vorstellungen hin. Neben Goethe und Heinrich Heine ist es vor allem Georg Wilhelm Friedrich Hegel (1717–1831), der den Romantikern vorwirft, „die Seite des äußeren Daseins der Zufälligkeit überantwortet und den Abenteuern der Phantastik preisgegeben zu haben."[13)] Auch rügt er „ihre Stille und Unkräftigkeit, – die nicht handeln und nichts berühren mag, um nicht die innere Harmonie aufzugeben . . . ihre krankhafte Schönseligkeit und Sehnsüchtigkeit . . . Eine wahrhaft schöne Seele handelt und ist wirklich."[14)]

Es ist jedoch eine Verkürzung, die Romantik als völlige Abkehrung von der Wirklichkeit zu verstehen. Das Insistieren auf Individualität, subjektiver Freiheit und Schöpferkraft ist eine unbewusste Kompensation der „Heerscharen des Elends . . . überall auf dem ganzen Erdenrund" wie Wackenroder formuliert.[15)] Die Romantik setzt sich auf ihre Art durchaus mit den gewerblich-industriellen Veränderungen auseinander und entwickelt einen Menschentypus, der sich positiv von den Philistern mit ihren vermeintlichen Tugenden: Existenzsicherung, Gewinnsucht und Anpassung abgrenzt.

Unbestreitbar ist die Janusköpfigkeit der Romantik, denn zum einen ist sie mit ihrer Wertschätzung der Individualität eine literarisch und pädagogisch außerordentlich fruchtbare Epoche, zum anderen belebte sie als Reaktion gegen Vernunftherrschaft und beginnende Moderne den Irrationalismus und die Mystik längst überwundener Jahrhunderte und pervertierte zu einer Spätform, die eine ganze Nation auf den Irrweg führte.

---

12) Mann, Briefe 1937 1947, S. 121
13) Hegel, Ästhetik, S. 186
141 Ebd., S. 106
15) Vgl. Große/Grenzmann, Klassik/Romantik, S. 89

2 Eichendorff und die romantische Schule

Es gibt unter den neueren Dichtern nicht viele, über deren private Denk- und Lebenswelt so wenig bekannt ist, wie über diejenige Joseph Freiherr von Eichendorffs. Offensichtlich bemüht, Privates der Nachwelt vorzuenthalten, vernichtete er seine private Korrespondenz in bestimmten Abständen und auch die geführten Tagebücher sind eher lakonischen Inhalts und verzeichnen selten mehr als äußere Begegnungen. Weniges Überliefertes offenbart, dass Eichendorffs Leben durch eine bipolare Spannung gekennzeichnet ist. Einerseits das durchaus unpoetische Leben eines preußischen Beamten, Ehemanns und Familienvaters führend, huldigt er andererseits in seiner Dichtung über weite Strecken dem sorglosen, unpünktlichen Wanderleben und steht in krassem Gegensatz zu den philisterhaften Stubenhockern.[16)]
Gemeinhin gilt Eichendorff mit seiner Dichtung als der Romantiker par excellence, eine Formel, die bei genauerem Hinsehen jedoch als zu eng erscheinen muss, denn sie eliminiert Herkunft, Erziehung und Gesinnung des Dichters. Es ist die Denk- und Erfahrungswelt des schlesischen Landadels, die Eichendorffs Kindheit prägt. Gleichsam im Windschatten der Geschichte liegend, findet sich hier eine geschlossene Lebenswelt mit vermeintlich ererbter Sicherheit der Daseinsform, die ein Stück Barockkultur unversehrt bis in die Zeit um 1800 bewahrt. Zwar gehört Schlesien seit den Friderizianischen Kriegen zum protestantischen Preußen, aber, zumal in den katholischen Adelsfamilien, zerstört dieser Wechsel keinesfalls die alte Kultureinheit mit Böhmen und Österreich. Es ist die Geborgenheit im katholischen Glauben und kirchlicher Frömmigkeit in Verbindung mit als gültig anerkannten tradierten Vorstellungen der alten Adelsfamilien, die Eichendorff von dem die literarische Umwelt bestimmenden Typus des „Zerrissenen“ unterscheidet.[17)]

16) Vgl. Stöcklein, Eichendorff; Alewyn, Ein Wort über Eichendorff
17) Vgl. Rasch, Nachwort in: Eichendorff, Werke in einem Band, S. 1007–1031

In einer Welt, die wie Eichendorff in vielen Briefen schreibt, „nun einmal die Unschuld verloren“ hat, knüpft er in seiner Dichtung an den Philosophen Schelling und dessen Schule an, der zwischen dem Leben der ihrer selbst nicht bewussten Natur und dem Bewusstsein des Menschen eine Brücke schlägt. Programmatisch formuliert Eichendorff in seinem bekannten Vierzeiler[18]:

Schläft ein Lied in allen Dingen,
Die da träumen fort und fort,
Und die Welt hebt an zu singen,
Triffst du nur das Zauberwort.

Zwar sind nicht alle Gedichte Eichendorffs von gleichbleibender Qualität, denn vieles entsteht gleichsam absichtslos und ohne Reflexion des Produzierten, dennoch gelingt es ihm, sich von der peinlichen Manieriertheit der Pseudoromantik eines Grafen Loeben zu lösen. Bereits sehr früh rückt Eichendorff vom ungesunden Überschwang dieser romantischen Entwicklungen ab. In Heidelberg hat er sich mit dem 1786 geborenen Grafen Otto Heinrich von Loeben befreundet. Die Brüder Eichendorff schließen mit ihm und zwei weiteren Freunden des Grafen den „Eleusinischen Bund“, in dem sich Loeben Isidorus Orientalis und Eichendorff Florens nennt. In der ersten Zeit ihrer Freundschaft sieht Eichendorff in seinem Freund „eine wunderbar poetische Natur in stiller Verklärung“, später wendet er sich von ihm ab. Die Romantik habe damals in Heidelberg „einen sehr bedenklichen Afterkultus“ entwickelt, deren Hohepriester Loeben gewesen sei: „bald erschien er als begeisterungswürdiger Seher, bald als arkadischer Schäfer, dann bald wieder als asketischer Mönch“.[19] Eichendorff schreibt ihm im Juni 1809 in einem Brief: „Fast möcht ich sagen, dass meine ersten Gedichte jener schönen Unschuld, der Seele aller Poesie, nicht ermangeln. Jenes süße Lied der Maria, es war keine Tendenz, es war eine Blume, die aus Liebe, Frühling, Erinnerung und Hoffnung, kurz aus allem, was mir

18) Eichendorff, Werke in einem Band, S. 103
19) Stöcklein, Eichendorff, S. 69

wert und teuer war auf Erden, dem Himmelslichte entgegensprosste.
Diese meine erste Liebe und lebendige Religion des Lebens wurde aber gar bald gestört, indem ich ebenfalls irregeleitet von der herrschenden Idee von Religion, einging in die allerlei Bestrebungen, Absichten und die Armut der Entsagung. Ich wagte nicht mehr, was ich empfand, liebte und dachte, unmittelbar und an und für sich zu geben, sondern bemühte mich, aller ursprünglichen Freiheit unwürdig, meine freien Eingebungen zu Trägern gewisser Ideen zu machen und nach diesen so lange zu verallgemeinern, bis sie mir selber und andern unkenntlich wurden, und mein Wesen, einmal von dem eigentlichen Leben losgelöst, ohne allen Gehalt und fast sich selber ironisierend, nach allen vier Winden hin verduftete. Ich malte, wie, glaub‘ ich Jean Paul sagt, mit Äther in Äther. Ich fühl‘ es nun, dieser einförmige Selbstmord der Poesie muss aufhören oder ich höre auf zu sein, aber ich fühle es ohne Angst und Betrübnis, wie sonst jede Veränderung in mir, sondern mit jener farbenreichen Heiterkeit und lebenstrunkenem Blick in die Zukunft, mit dem ich in meiner Rettung in den farbigen Morgen hinaussprang.“[20] Eichendorff wehrt sich damit gegen romantische Überspanntheiten. Ihnen stellt er, bei aller angestrebten poetischen Verklärung, sein Ideal einer stärkeren Bindung an das „eigentliche Leben“ entgegen. In seinem 1847 veröffentlichten Aufsatz „Die geistliche Poesie in Deutschland“ führt er aus: „Es musste vor allem Andern nur erst der innerlich verstümmelte Mensch wiederhergestellt, der einseitigen Aufklärung des überfütterten Verstandes, der sich damals exklusiv der gesunde nannte, musste die verborgene, tiefere Nachtseite der menschlichen Seele: Gefühl und Phantasie, erfrischend wieder beigegeben, und das sonach erweiterte und ergänzte Daseyn mit der großen Vergangenheit, von der es die Reformation geschieden, von neuem in welthistorischen Zusammenhang gebracht werden. Jene dämonischen Grundkräfte der Seele aber können ohne Vermittlung eines Höheren über ihnen kein harmonisches Ganze bilden . . . Das alles that, oder

20) Eichendorff, Sämtliche Werke. Historisch Kritische Ausgabe, Bd. XII, S.4f
Im folgenden abgekürzt: HKA

versuchte vielmehr, die Romantik, und zwar vorzugsweise durch das Medium der Poesie."[21)]

Diese tiefreligiöse Weltsicht, die fest im katholischen Glauben und in kirchlicher Frömmigkeit verwurzelt ist, und die Skepsis gegenüber den Verdiensten der Aufklärung motivieren seine Abgrenzung von Romantikern, die mit ihrer Produktion ausschließlich ästhetische Maxime ihrer Produktion zugrunde legen. Diesen, wie er ihn versteht, Irrweg zeigt er in der in seinem Todesjahr erschienenen „Geschichte der poetischen Literatur in Deutschland" auf: „In der zweideutigen Richtung, die Tieck mit seiner Ironie angegeben, lag schon der heimliche Abfall. Denn was die Romantik unternommen, konnte ... nur aus dem innersten Marke der Gesinnung, aus der tiefsten Wurzel des religiösen Lebens heraufgebaut werden; ihre Aufgabe war halb eine ethische, die romantischen Poeten aber nahmen sie bloß ästhetisch. Indem sie mit jener ironischen Vornehmheit sich über den Inhalt hinausstellten, ging ihnen dieser allmählich und unvermerkt in der bloßen Form auf ... [Die Romantiker] wollten allerdings das Positive, aber nicht aus orthodoxem Eifer, sondern um des Geheimnisvollen und Wunderbaren, um des schönen Heiligenscheins willen, der das Positive umgiebt; sie gaben statt der heidnischen Mythologie, eine christliche Mythologie; mit einem Wort: sie verfochten einen Glauben, den sie im Grunde selber nicht hatten ... Die Zeit hatte allgemach den Romantikern hinter die Karte geguckt und insgeheim Ekel und Langeweile vor dem hohlen Spiele überkommen."[22)]

Eichendorffs Position hat sich in den fast fünfzig Jahren seiner dichterischen Produktion nicht wesentlich geändert und so mochte er in einer Zeit der Auflösung und Unsicherheit, der Ratlosigkeit und wankenden Ordnung schon zu Lebzeiten so überholt erscheinen wie die „gute, alte Zeit", von der er selbst freilich einmal sagte, dass sie gar nicht so gut wie alt war.

---

21) Ders., Die geistliche Poesie in Deutschland, HKA, Bd. VIII, 1, S. 133f.

22) Ders., Geschichte der poetischen Literatur in Deutschland, HKA, Bd. IX, 3, S. 469 471

3 Dichter und Zeitgenossen über Eichendorff

Die besondere Eigenart von Eichendorffs künstlerischem Schaffen ist vor allem in der Persönlichkeit des Dichters begründet. Ausgezeichnet durch Menschlichkeit, Gemütstiefe und Schlichtheit, verbinden sich in ihr tiefe Naturverbundenheit mit undogmatischer Frömmigkeit. Unbeirrbar, trotz vieler Schicksalsschläge, bewahrt er sein Gottvertrauen, die Zuversicht auf die Geborgenheit in Gott, sowohl in der Zeitlichkeit wie im „friedlich sichern Hort“ der Ewigkeit. Eichendorffs Persönlichkeit übt auf seine literarischen Zeitgenossen eine tiefe Wirkung aus[23)], die sich bereits in einem Brief Achim von Arnims an Bettina aus Heidelberg vom 7. März 1808 andeutet: „. . . Es gibt hier viele junge Genies, die ich aber noch nicht kenne, ein Graf Loeben aus Sachsen unter andern, der ein Buch ‚Guido, vom Wachstum der Bibel‘ herausgeben wird; wenn es nur nicht der Bibel wird weh tun, wie den Kindern das sogenannte Wachstum. Zwei wunderliche Menschen sind immer um ihn (die Brüder Wilhelm und Joseph von Eichendorff, d. A.), die ihn mit allen Dichtern, Tieck, Novalis usw. zusammenhalten und ihn immer noch ein Stückchen größer finden; sie verbrauchen sein ganzes Wachstum zu Wachslichtern, um seinen Ruhm zu illuminieren . . .“

Der Theaterdichter Karl von Holtei (1797–1880) schreibt über sein erstes Zusammentreffen mit Eichendorff: „Zu dieser Zeit, am letzten Tage des Jahres 1819, empfing ich eine Einladung [zu einer großen Gesellschaft, d. Verf.] . . . Anfänglich fühlt‘ ich mich trotz aller Freundlichkeit des Wirtes sehr verlassen und zog mich in ein leeres Gemach zurück, wo ich, in einen Winkel gedrückt, bitterlich weinte, mehr aus Dankbarkeit und Rührung, als aus Wehmut, obwohl auch diese nicht fehlte. Da trat ein Mann zu mir, älter als ich, aber auch noch jung, sprach mich freundlich an und sagte manch‘ tröstend Wort. Seine Sprache klang weich und sanft. Ich fühlte mich lebhaft zu ihm

23) Die Dokumente sind entnommen: HKA, Bd. XVIII, passim; teilweise auch in: Stöcklein, Eichendorff, passim

gezogen. Wir unterhielten uns sehr lange, während in den anderen Räumen gesellige Spiele lärmten. Als wir zur Gesellschaft zurückkehrten, bat ich um meines neuen Freundes Namen. – Es war Joseph Freiherr von Eichendorff."

Emanuel Geibel (1815–1884), Dichter und Professor für Ästhetik an der Universität München, berichtet in seinen „Jugendbriefen" von seinem ersten Zusammentreffen mit Eichendorff an einem Vortragsabend der literarischen Gesellschaft in Berlin: „Er war von schlanker Gestalt, sein Gesicht hatte einen frischen und wohlwollenden Ausdruck, und wenn sein Haar schon bedeutend ins Graue spielte, so lag doch in seinem Wesen etwas außerordentlich Jugendliches und Rasches, das durch den fröhlichen Blick des lebendigen Auges und durch den kurzen grünen Jagdrock, den er trug, noch erhöht wurde. Es war der Freiherr Joseph von Eichendorff, derselbe, dessen vortrefflicher Taugenichts uns in den letzten Ferien so viel Vergnügen machte . . . und er kam mir ganz nach seiner liebenswürdigen Weise mit der größten Freundlichkeit entgegen . . ."

Theodor Storm (1817 – 1888), als stimmungsvoller Novellist und formvollendeter Lyriker in die Literaturgeschichte eingegangen, ist Eichendorff persönlich begegnet. An seinen Vater schreibt er am 24. Februar 1854: „. . . Er ist ein Mann von mildem, liebenswürdigem Wesen, viel zu innerlich, um, was man gewöhnlich vornehm nennt, an sich zu haben; in seinen stillen blauen Augen liegt noch die ganze Romantik seiner wunderbaren poetischen Welt. Er ist übrigens schon ganz weiß. Das Portrait vor seinen Werken – seht es euch einmal an – ist nur in den Gesichtsformen ähnlich; der Ausdruck des Gesichtes, namentlich der Augen ist vollständig entgegengesetzt."

Am 16. Februar 1874 heißt es in einem Brief an den Maler Hans Speckter: „. . . Von Eichendorff gibt es wohl, soviel ich mich aus Gesprächen von Franz Kugler erinnere, kein Bild. Leider! Das Bild vor seinen Werken im Gruppeschen Musenalmanach ist eine abscheuliche Nachschrift der äußeren Linien. Diese Augen, in deren Grund seine ganze romantische Welt träumte und die ich nie vergesse – sie waren dunkelgrau – sind auf dem Bild zu ein paar schwarzen Gniedelsteinen geworden. Nein! Über Eichendorff müssen Sie einen wunderbaren Park mit weißen Statuen und nach der Gartenkunst Le

Notres, natürlich im Morgenrot oder, was leichter sein dürfte, vom Mond beschienen und versteckt ersinnen. Vielleicht auf den Stufen der Fontäne eine Eichendorffsche Gestalt eingeschlafen, über ihm ein Pfau, neugierig ihn betrachtend. Oder so etwas! Ich halte das in diesem Fall sogar besser als ein Portrait. Diese romantische Welt darf unter den Illustrationen nicht fehlen. Es wäre vielleicht gut, frischweg Landluft und Szene aus einer Novelle (denn in ihnen stehen ja fast alle die Lieder) z. B. aus den ‚Glücksrittern' Kapitel 4 zu nehmen . . ."

Wie in diesem Brief angedeutet, verschmelzen für viele Zeitgenossen Person und Werk miteinander. So schildert der Schriftsteller Karl Gutzkow, einer der Hauptvertreter des „Jungen Deutschland" den „Dichter des deutschen Waldes" am 14.1.1835 in der Zeitschrift „Phönix" mit beredten Worten: „Der Kreis von Anschauungen, in denen sich von Eichendorff bewegt, ist klein, aber reizend. Es gibt einige Situationen in der Natur, welche Niemand so warm empfunden hat, als dieser Preußische Regierungsrath, welcher nahe an der Schneelinie, in Königsberg, wohnt. In diesem Manne lebt nur Wanderlust, die Natur, nicht in ihren Schauern, sondern in ihrer trauten Heimlichkeit, in seinen Gedanken blitzt Alles von Morgenthau und Sonnenschein. Es scheint, als könne man nur so in Deutschland empfinden, in einem Lande, das in seinen Harzgründen, in seinen Oderbrüchen, in seinen Nachtigallenhainen an den Elbufern, in seinen Rheingauen und den lachenden Neckarthälern mit hellen Klosterglocken und einer immer wachen historischen Erinnerung so ungemein viel sanfte, bescheidene und wehmütige Poesie verbirgt. Eichendorff jubelt, wenn man ihm nur eine einfache Scene vorführt, wie Ihr sie alle erlebt habt: Ihr wandert durch einen Wiesenplan, die Lerche steigt, ein fernes Glöcklein ruft, ihr tretet in einen Busch, der Specht hackt in der Nähe, da kömmt der Jäger aus dem Laub, der hat einen grünen Strauß am Hut – Eichendorff schwelgt! Oder es ist Herbst, der Regen klatscht an die hohen Fenster eines Schlosses, das Euch beherbergt, die Kastanien in der Allee platzen, weit im Walde schallen sanfte Waldhornklänge, der Jäger bläst dem Sommer Abschied. Am Morgen tretet Ihr hinaus in den Schlossgarten, es ist Alles frisch, die Sonne meint es gut, sie denkt noch sommerlich, aber das Laub

verdünnt sich schon, und in der Weite sieht man melancholische Statuen durch die offenen Bäume glänzen. Da ist wieder Eichendorff. Oder macht es so wie ich, und besucht Heidelberg, den Kaiserstuhl deutscher Romantik, des Nachts: da schwimmt die dämmernde Stadt in dem murmelnden Nekkar, tausend Lichter spiegeln sich am Flusse, ein Anblick, nicht so erhaben wie Venedig, aber geisterhaft und geheimnisvoll, hier der Gesang eines lauten Chors, dort tiefe Stille, nur ein gemütlicher Student spielt die Cither, Alles ernst, selig und übermannend, Alles Poesie. Ich habe diesen Traum zwei Mal erlebt und dabei immer an Eichendorff gedacht.
Eichendorff spricht und singt oft von der ‚guten alten Zeit‘. Nehmt das nicht so genau! Es ist nicht bös gemeint. Die gute alte Zeit ist hier nichts, als ein Ton, der klingend durch den Wald rauscht, als eine Fee, die man im Traum an einer Quelle sieht, als ein flüchtiges Reh, das mit muntern Blicken aus dem Grün einer Waldesecke grüßt. Die gute alte Zeit ist hier nur ein trauter Abend, unter Freunden genossen; ein reizender Spaziergang, den Ihr vom Schloss zu Heidelberg hinunter nach dem Wolfsbrunnen machtet; nichts als Erinnerung, Ahnung, eine Zeit, die vielleicht noch gar nicht geboren ist, oder jene geheimnisvolle Vergangenheit, wo wir noch im Schooße des Weltgeistes, in einer verklungenen Offenbarung lebten. Von allen alten guten Zeiten, die die Leute im Munde führen, ist Eichendorffs vielleicht die unschuldigste."
Ferdinand Freiligrath, einer der prominentesten deutschen Dichter des Vormärz, befasst sich wiederholt in Briefen an seine Braut Ida Melos mit Eichendorffs Werk: „Dann schick‘ ich Ihnen. . . ein prächtig Ding von Eichendorff: ‚Aus dem Leben eines Taugenichts‘. Das ist die rechte Strolcherei. Sie müssen die Geschichte in der ersten freien Stunde lesen, und werden sich durch die feierlichste Heiterkeit und das nobelste Lachen belohnt finden, in die Sie je durch Lektüre hineingekommen sind", so schreibt er am 22. Mai 1840. Kurze Zeit später relativiert er aber seinen Enthusiasmus: „. . . Was namentlich Eichendorff angeht, so hab‘ ich Ihnen gewiss keinen Vorwurf machen wollen, wenn ich mich wunderte, dass Sie ihn nicht unbedingt anerkannten. Ich wollte ihm nur den Fond von Poesie, den er wirklich besitzt, vindizieren, sein tiefes, inniges Na-

turgefühl, seine jubelnde Wanderlust, seine frische, fahrige Strolchennatur, ohne darum der Formlosigkeit und Zerflossenheit das Wort zu reden, die Sie mit Recht an ihm tadeln. Seine Figuren sind nur allzu oft ohne Fleisch und Bein, Schatten, die durch seine taubesprengten, horndurchschmetternden Wälder huschen, ohne dass man sie mit Händen greifen kann. . . Und nicht wahr, seine Märchen sind nicht wie die stillen frommen Märchen des Volkes, bei denen man wieder zum Kinde wird? Man legt eine Eichendorffsche Novelle mit einer gewissen Unbefriedigung aus der Hand, ein Gefühl von Sehnsucht und Beklemmung liegt schwer auf der Brust, man weiß nicht, was man will, man möchte weinen manchmal."

Nicht jeder findet zu dem Dichter ein persönliches Verhältnis. In einem Brief des Kunstkritikers und Reiseschriftstellers Ludwig Pietsch von 24. Juni 1910 erinnert er sich an sein Zusammentreffen mit Eichendorff im April 1841:

„Ich kann mich nicht entsinnen, wem ich den Empfehlungsbrief an ihn verdanke, den ich (16 1/2 Jahre alt!) in den ersten Tagen nach meiner Ankunft in Berlin im April 1841 an den damals in einem Haus am Leipziger Platz wohnenden Geheimen Regierungsrat persönlich übergab. Der damals 53jährige mittelgroße, hagere Herr wollte so wenig der Vorstellung entsprechen, die meine Phantasie sich vom Verfasser des Taugenichts gemacht hatte. Ich sah einen zierlichen, sehr höflichen, mir aber sehr alt erscheinenden Herrn mit faltenreichem Gesicht, der bei aller Freundlichkeit zu mir nicht recht wusste, was er mit dem verlegenen scheuen Jungen, der ihm einige Worte der Begeisterung vorgestammelt, anfangen sollte. Ich hab mich denn auch bald empfohlen, bin nie wiedergekommen. . .".

4 Aus dem Leben eines Taugenichts

4.1 Entstehung und Aufnahme der Novelle

Während seines Wiener Aufenthaltes in den Jahren 1811–1812 besucht Joseph Freiherr von Eichendorff häufig das Theater in der Leopoldstadt. Das Alt-Wiener Volkstheater erlebte damals eine Blütezeit. Beträchtlichen Einfluss auf die Entstehung des „Taugenichts“ hat die im 16. Jahrhundert aus Italien nach Österreich gekommene Commedia dell'arte mit ihren feststehenden, ausgeprägten Charaktermasken (Pulsinella, Arleschino, Colombina u.a.) sowie die neue Musikkultur der Josephinischen Epoche. Nachdem in den sechziger Jahren des 18. Jahrhunderts Willibald Gluck erfolgreich zur Überwindung der seit dem 17. Jahrhundert in Österreich vorherrschenden Barock-Oper beigetragen hat, entwickelt sich die sogenannte Wiener Klassik, repräsentiert durch Joseph Haydn, Wolfgang Amadeus Mozart und Ludwig van Beethoven. Der Sprung, den das Wiener Volkstheater vom banalen oder derben Volksstück zum literarisch bedeutenden Kunstwerk nimmt, ist vor allem auf Mozarts Opern „Figaros Hochzeit“, „Don Giovanni“ und „Die Zauberflöte“ sowie auf die Bühnenstücke von Ferdinand Raimund (1790–1830) und Johann Nepomuk Nestroy (1801–1862) zurückzuführen.
Robert Mühlher[24)] beschreibt die Verwandtschaft des „Taugenichts“ mit den komischen Chargen des Alt-Wiener Volkstheaters und seine Nähe zu Mozart. Er verweist dabei auf M. Enzinger[25)], der Eichendorffs gründliche Vertrautheit mit Mozart durch Theaterbesuche in Breslau und Wien (darunter viermal „Don Giovanni“) belegt. Enzinger stellt fest, dass Eichendorffs innere Berührung weit über kleine Anklänge hinausgehe, und P. Stöcklein führt die Parallele in die Welt des Musischen, indem er den „Taugenichts“ mit den Melodien Mozarts vergleicht, die „in sich zurücklaufen“ und „selig kreisend“ seien.[26)]

---

24) Mühlher, Die künstlerische Aufgabe
25) Enzinger, Eichendorff und das alte Osterreich

Eine völlig andersgerichtete ideengeschichtliche Verwandtschaft zeigt Joseph Ruland auf, der in J. J. Rousseaus „Confessions" und im „Taugenichts" zwölf Parallelsituationen mit fast gleichen Motiven und ähnlichen Redewendungen nachweist: „Als Eichendorff 1824 den ‚Taugenichts' schrieb, hatte er wahrscheinlich nicht die ‚Confessions' des wenig geschätzten Rousseau vor Augen. Aber im Unbewussten sind Berührungsströme dagewesen und zu wesentlichen Elementen der deutschen Novelle des Wanderns und der Sehnsucht geworden."[27)]

Anregungen zur Komposition des „Taugenichts" sind ebenfalls möglich durch die 1808 von Eichendorff begonnenen Aufzeichnungen für eine Sammlung oberschlesischer Sagen und Märchen, die unter anderem die Niederschrift des leider nur fragmentarisch aufgezeichneten Märchens vom „Faulpelz" enthält, das erstaunliche Parallelen zu der vorliegenden Novelle aufweist.[28)]

Die biographischen Verhältnisse, in denen der Autor zur Zeit der Abfassung des „Urtaugenichts" lebt, veranlassen eine Reihe von Interpreten zu der Vermutung, in diesem Fragment gleichsam einen Gegenentwurf zur persönlichen Situation Eichendorffs zu sehen.[29)] Im Jahre 1817 lebt Eichendorff als Referendar in Breslau in wirtschaftlich äußerst beschränkten Verhältnissen, sich um eine Familie sorgend, in der das zweite Kind geboren wurde. Wegen seiner Heirat hat er sich mit seinen Eltern überworfen, die sich ebenfalls in einer katastrophalen finanziellen Situation befinden. In einem Brief an Fouque gesteht er am 2. Dezember 1817: „Wie sehnt sich meine ganze Seele nach jener altgewohnten Abgeschiedenheit und Unbeflecktheit von den alltäglichen Welthändeln."[30)] Und so irrt Werner Bergengruen gründlichst, wenn er schreibt: „In jeder Zeile spürt man die wahrhafte Herzenslust, mit der er [der „Taugenichts" d. Verf.] geschrieben sein muß."[31)] Verblüffend scheint angesichts dieser Lebensumstände Eichendorffs, dass tatsächlich ein so mühelos scheinendes heiteres Dichtwerk entstehen konnte .

---

26) Stöcklein, Der Dichter der „Taugenichts", S. 55
27) Ruland, Joseph von Eichendorff, S. 375 – 385
28) Vgl. Stöcklein, Eichendorff, S. 81 f
29) Vgl. Polheim, Neues vom Taugenichts
30) HKA, Bd. XII, S. 21

Während der Entstehungszeit des „Urtaugenichts“ betitelt Eichendorff seine Handschrift versuchsweise „Der neue Troubadour“, bevor er sich jedoch sehr rasch für den bekannten Titel entscheidet. Gewisse Richtungen der neuen „Taugenichts“-Literatur bewerten diese Überlegungen Eichendorffs über und nehmen sie zur Grundlage weitreichender sozioökonomischer und psychopathologischer Folgerungen.[32)]
Im Jahre 1821 siedelt Eichendorff nach Danzig über, wo er mit der kommissarischen Führung der Geschäfte eines katholischen Konsistorial- und Schulrates von Westpreußen, Danzig und Marienburg betraut wird. Um sich nicht ausschließlich im Geplänkel der preußischen Provinzialbürokratie aufzureiben, steigert sich sein Wunsch nach „einer auf das Höchste gerichteten“ Tätigkeit. So übernimmt er die Wiederherstellung des Schlosses der deutschen Ordensritter zu Marienburg, das zu einer Kaserne mit Lazarett und Ställen verkommen war, und beginnt eine Reihe von dramatischen Arbeiten, denen es jedoch an lebendiger Gestaltungskraft mangelt und die letztlich erfolglos bleiben.
Für seine dichterischen Arbeiten stehen Eichendorff vorwiegend die Sommerferien zur Verfügung, die er ab 1821 oder 1822 in dem Schlösschen Silberhammer bei Danzig verbringt. Im Herbst 1823 wird er zur Vertretung eines Rates nach Berlin berufen und ab 1824 ist er als Oberpräsidialrat bei der ostpreußischen Regierung in Königsberg tätig. W. Köhler schlussfolgert, dass deshalb nur Schloss Silberhammer als Entstehungsort und der Sommer 1822 oder 1823 als Entstehungszeit übrigbleibe.[33)]
Aus einem Brief an Theodor von Schön ist zu entnehmen, dass Eichendorff sich Anfang des Jahres 1826 längere Zeit in Berlin aufhält. Dort erscheinen zu dieser Zeit in einem Band die Novellen „Aus dem Leben eines Taugenichts“ und „Die Marmorbraut“, deren Drucklegung er wahrscheinlich selbst beobachtet. Vorausgegangen ist dieser Veröffentlichung im Jahr 1823 ein Vorab-

---

31) Bergengruen (Hrsg.), Josef Freiherr von Eichendorff: Erzahlungen, S. 658

32) So u. a. Paulsen, Eichendorff und sein Taugenichts. Paulsen erhebt den Anspruch, hinter den Texten ein schwer geschädigtes Verhältnis des Dichters zu seiner Welt und Wirklichkeit sichtbar werden lassen. (A. a. O., S. 117)

33) Vgl. Köhler, Joseph von Eichendorff

druck der ersten beiden Kapitel in den „Deutschen Blättern für Poesie, Literatur, Kunst und Theater". Sofort nach seinem Erscheinen findet der „Taugenichts" eine große Resonanz bei der literarischen Kritik.[34)]

So schreibt der Rezensent der „Königlich privilegierten Berlinischen Zeitung" (Vossische Zeitung) in der Ausgabe vom 31. Mai 1826: „. . . hat besonders die erste Novelle, die den größten Theil des Bandes füllt, etwas höchst Originelles. Die Idee, wie ein von Natur zur Romantik begabter Charakter, der alle äußere Bildung entbehrt, die Menschen, die Kunst und überhaupt die Welt ansieht, ist ungemein ansprechend und humoristisch durchgeführt und in der Einfachheit des Ganzen entwickelt sich wahrhafte Poesie. . . mehr aber noch, weil offenbar ein bedeutsamer Gedanke zum Grunde liegt, ohne dass er auf irgend eine Weise aufdringlich wird; und weil zugleich durch die schlichte Schilderung (der sogenannte Taugenichts erzählt selbst) bedeutender Gemütnszustände nicht bloß für einen Theil der Leser, sondern für alle gesorgt ist. Wie wir hören, hat dieser Roman in der hiesigen litterarischen Gesellschaft, die eine große Zahl unserer besten Aesthetiker in sich fasst, Sensation gemacht . . . ."

Der Begründer des realistischen historischen Romans in der deutschen Literatur, Willibald Alexis (1798–1871), der auch als Herausgeber und Mitarbeiter literarischer Zeitschriften der liberalen Opposition wirkt, bemerkt zur Erstausgabe des „Taugenichts" in den „Blättern für literarische Unterhaltung" am 29. Juli 1826: „. . . Wer einmal Lust empfindet, ein ewiges Sonntagsleben lesend mitzugenießen, der vergnüge sich bei dieser von Frühlingslust durchhauchten Novelle. Von ‚Sorgen, Last und Noth um Brot' ist darin keine Spur zu treffen; es ist die Schilderung eines Schlaraffenlandes und -lebens, und doch ist das Land geographisch ein sehr wohlbekanntes, voll Plackereien, Prellereien und Nöthen aller Art für Reisende und Einwohner, und die Menschen sind wirkliche Menschen, wie sie uns wohl begegnen mögen. Einen solchen Zustand, in den Künstler und Dichter sich nur zu häufig aus den Drangsalen um sie versetzt wünschen, ihn aber selten anders als im Land der

---

34) Die Rezensionen werden zitiert nach: HKA, Bd. XVI1),1, S. 129 – 141

Phantasie antreffen, hat der Dichter hier verstanden, aus Materialien zu erbauen, die ganz aus diesem bedrängten Erdenleben entnommen sind. Dies war der Probestein des wahren Dichters. Den Vorwurf des Unwahr s c h e i n l i c h e n im Einzelnen kann der Autor, wo innere W a h r h e i t jeder Erscheinung zum Grunde liegt, leicht von sich wehren. Uns, in Norddeutschland, dünkt eine solche Glückseligkeit ohne Arbeit zwar unbegreiflich; hier würde eine strenge Kritik den Taugenichts in's Arbeitshaus treiben; warum wollen wir aber unsere Ansicht überall mithinüberbringen?. . . Der Held konnte daher auch nur ein Österreicher sein . . . Die Einzelheiten sind reich an ergötzlichen Auftritten, die ebenso zum Gemüth sprechen, als sie die Lachlust erregen. Ein bunter Duft ist über die Gemälde ausgegossen, die lebendig hervortreten, ohne dass irgend die beschreibende Poesie ein unbilliges Gewicht einnähme. Im Gegenteil ist der Verf[asser] ganz frei von dem unsere neueste Poesie häufig treffenden Vorwurf geblieben, durch zu ängstliches Ausmalen den Eindruck des Ganzen zu stören. . ."

In dem Salonblatt „Der Gesellschafter" schreibt in der Nummer vom 4. August 1826 Daniel Leßmann: „Ich bin in meinem Leben mit unterschiedlichen Taugenichtsen zusammen getroffen, habe aber bisher noch keinen gefunden, der in der That bei einer so echten Taugenichtserei doch so viel taugte; . . . Jeder Mensch, der in Leihbibliotheken nur einigermaßen engagirt ist, weiß sehr wohl, wie viele Novellen heutigen Tages auf dem Parnaß umher flattern . . . Um so mehr muss ihn eine überraschende Ausnahme erfreuen. Unser Taugenichts ist eine lange, in gewisser Rücksicht sogar eine breite Novelle, und doch leidet der lichte poetische Sonnenklang nicht im mindesten . . ."

Der „Taugenichts" findet jedoch nicht nur Zustimmung. So wertet Amalie von Voigt die Novelle als „literarisches Leichtgewicht" und der Literaturkritiker Wolfgang Menzel wendet im führenden Literaturblatt der Zeit Cottas „Morgenblatt für gebildete Stände" gegen den „Taugenichts" folgendes ein:

„Man erwartet etwas Komisches und findet nur langweilige Rührung. Der Taugenichts taugt auch gar nichts, und hat nicht einen Fetzen von jener göttlichen Bettelhaftigkeit der Tagediebe bey Shakespeare und Cervantes, es fehlt ihm alles, was man Humor nennt. Die andern Sachen geben sich wenigstens für das, was sie sind, und erregen keine große Erwartung. Es sind jugendliche Herzensergießungen von der gewöhnlichen Art, voll Saft, aber ohne Kraft."

Doch das Echo auf den „Taugenichts" bleibt weiterhin überwiegend positiv. In der „Allgemeinen Literatur-Zeitung" Halle vom 17. Februar 1827 ist zu lesen: „Wer in dem ‚Taugenichts' . . . einer Art von gran Tacanno zu begegnen glaubt, der irrt sehr. Er ist ein gutmüthiger Schwärmer, ein kindischer Träumer, ein poetischer Hans Ohnesorge, der die Welt wie einen Lustgarten ansieht, in dem sich es recht anmuthig ergehen lässt, und der endlich nach vielen seltsamen theils erlebten, theils erträumten Dingen, die sich in einer eben so seltsamen Verwickelung zu einem Ganzen bilden, sein Glück im Schlafe macht. Wenn wir nun in diesen Begebenheiten einen haltbaren Faden und eine Wahrscheinlichkeit vermissen, ohne welche jede erzählende Dichtung der inneren Lebenskraft gebricht, so müssen wir uns nichts desto weniger der lieblich spielenden Darstellungsweise, der naiven Sprache und der oft sehr poetischen Bilder erfreuen, welche letztere das Leben dieses Taugenichts mit einem anziehenden prismatischen Glanz umgeben."

Abschließend sei noch ein Beitrag des „Journal für Literatur, Kunst und geselliges Leben" der Goethestadt Weimar vom 24. Februar 1827 zitiert: „Wer sich jedoch durch Fouque schon zu einer bessern Ritterzeit bekehrt oder zur fabelhaften sich gewandt hat, wird in den zwei Novellen des Freiherrn von Eichendorff: Aus dem Leben eines Taugenichts und das Marmorbild manches Alte dieser edlern Art nicht ohne Vergnügen wieder aufleben und sich anders gestalten sehen, auch sonst wohl noch Originelles darin finden, worüber er sich verwundern kann."

4.2 Wort- und Sacherklärungen

1. Kapitel

Goldammer	goldgelber Singvogel
Adjes	adieu, franz., lebe wohl!
Ew. Gnaden	Anrede an adlige Personen
Reverenz	lat., Verbeugung
kurios	wunderlich, seltsam,
Bandelier	franz., Schulterriemen
Perpendikel	Uhrpendel
herumvagieren	herumstreifen, ohne fest Beschäftigung umherziehen
diskurieren	erörtern
meditieren	nachdenken
Tulipane	Tulpe
Rohrdommel	Watvogel aus der Familie der Reiher
die Wunderhörner	Anspielung auf „Des Knaben Wunderhorn" von Arnim und Brentano, eine 1806/08 herausgegebene Sammlung deutscher Volkslieder
Herbarium	lat., Sammlung gepresster Pflanzen

2. Kapitel

hineinparlieren	parlieren, frz., rasch und eifrig sprechen, plaudern
Meriten	Verdienste
kommod	bequem, angenehm
Metier	franz., Handwerk, Beruf
Jagdhabit	Jagdkleidung
die schöne Magelone	frühneuhochdeutsche Nachdichtung eines französischen Ritterromans (1457) durch Veit Warbeck (um 1490 bis 1534). Beliebtes, weit verbreitetes Volksbuch. Liebesge-

	schichte der schönen Magelone, Tochter des Königs von Neapel, und Peters, Ritter mit den silbernen Schlüsseln, Sohn des Grafen von der Provence. Hans Sachs dramatisierte den Stoff, Valentin Schumann bearbeitete ihn für seine Schwanksammlung. Ludwig Tieck gab 1797 eine romantische Nachdichtung mit lyrischen Lied einlagen heraus, die Johannes Brahms vertonte.
fatal	lat., verhängnisvoll, unangenehm, peinlich
Transport	Begriff aus der Buchhaltung: Übertrag einer Seitensumme auf die nächste Seite
Latus	Begriff aus der Buchhaltung: die unten an einer Seite gezogene Additionssumme
Parasol	lat.-ital.-frz., Sonnenschirm
Galanterie	arab.-span.-frz., Höflichkeit gegenüber weiblichem Geschlecht
Kapriolen	lat.-ital., Luftsprünge
Melancholie	griech.-lat., Schwermut
Firmament	franz. Himmelsgewölbe
Flechsen	Sehnen
Reputation	lat.-frz., Ruf, Ansehen
vivat	lat., Lebehoch (wörtlich: er lebe)
Fagott	Holzblasinstrument
Pomeranze	pers.-lat., bittere, apfelsinenartige Frucht

3. Kapitel

Konduite	lat.-frz., Benehmen, Lebensart
Tarantel	Spinnenart, ihr Biss erzeugt nach dem Volksglauben Veitstanz
Kamisol	lat.-ital.-frz., Unterjacke, Wams

Poperenzen	Wortverdrehung für Pomeranzen
Knollfink	grober, derber Mensch
attent	frz., aufmerksam
Kapriolen	Luftsprünge machen
Stampe	Glas mit dickem Fuß
Kopftremulenzen	mit dem Kopf im Takt nicken
über den Löffel balbieren	mdal. für barbieren. Hier wörtlich zu nehmen: Früher steckte der Barbier seinem Kunden einen Löffel in den Mund, um hohle, eingefallene Wangen auszugleichen und sie so besser rasieren zu können. Später: rauh behandeln, jetzt: betrügen
hundsföttisch	schurkisch
Fistel	Kopfstimme
Feldscher	Sanitäter, Wundarzt beim Militär
Rage	lat.-frz., Wut, Zorn
embrassieren	lat.-frz., umarmen, küssen
martialisch	von lat. Mars, kriegerisch
Schnapphahn	Wegelagerer, Räuber
vazieren	frei, arbeitslos sein
Vakanz	lat., Ferien
repetieren	lat., wiederholen
come e bello	ital., = Wie schön er ist!

4. Kapitel

Flauschrock	Rock aus dickem Wollstoff
Diskurs	Gespräch, Erörterung
Filet	frz., netzartiges Gewebe aus Zwirn oder Seide
Vehemenz	lat., Ungestüm
Kommodität	Bequemlichkeit
wuschen	sich schnell bewegen
Servitore	ital., = Diener
arriware	arrivare, ital., = ankommen
Parlez-vous français?	frz., = Sprechen Sie Französisch?

parlieren	schwätzen
Signor	ital., = Herr
babylonischer Diskurs	Unterhaltung in vielen Sprachen
Klafter	älteres Längen- und Raummaß
passatim gehen	richtig: gassatim gehen, müßig auf der Straße herumschwärmen
Hoppevogel	Wiedehopf
Gestikulation	Gebärden- und Zeichensprache
Laufzettel	Zettel, der durch viele Hände läuft, durch Eilboten beförderter Bestellzettel

5. Kapitel

si, si, Signore	ital., = ja, ja, mein Herr
Schnipper	schnabelartiger Zipfel, Stirnläppchen einer Haube
Kratzfüße	Verbeugung, wobei ein Fuß nach hinten geschoben wird
Bagage	frz., Gepäck
poverino!	ital., = armer Schlucker! Ärmster!
felicissima notte!	ital., = glücklichste Nacht!

6. Kapitel

Kaputrock	Mantel mit Kapuze, Soldatenrock
Kadenz	lat.-ital., in der Musik Akkordfolge mit besonderer Schlussfolge; Improvisation
Variation	lat., Abwandlung eines musikalischen Themas
Päonie	griech.-lat., Pfingstrose
Basilisk	griech.-lat., Eidechsenart, der Sage nach durch seinen Blick tötendes Fabeltier
knospern	Nebenform von knuspern
Idio	ital., = Gott

cuore	ital., = Herz
amore	ital., = Liebe
furore	ital., = Raserei, Wut

7. Kapitel

abkonterfeien	lat.-frz., abmalen, portraitieren
Leonardo da Vinci	ital. Maler und Gelehrter, 1452–1519, Hauptwerke: Abendmahl, Mona Lisa, Madonna in der Felsgrotte u. v. a.
Guido Reni	ital. Maler, einer der Hauptmeister der Bologneser Schule, 1575–1642, Hauptwerke: Aurora (Fresko), Himmelfahrt Mariä, Christus am Kreuz, Reuige Magdalena, Kleopatra

8. Kapitel

furfante	ital., = Spitzbube, Schurke
Tableau	lat.-frz., Bild, Gemälde, hier: wirkungsvoll gruppiertes sog. lebendes Bild. Mit der Beschreibung dieses Bildes beginnt E. T. A. Hoffmanns Erzählung „Die Fermate" (1815), die in dem von Fonque hrsg. „Frauentaschenbuch für 1816" erschien
Hummelschen Bilde	gemeint ist Johann Erdmann Hummels (1769–1852) Bild „Gesellschaft in einer italienischen Locanda"
Duca	ital., = Herzog
Positur	lat., Stellung, hier: herausfordernde Stellung
deliziös	lat.-frz., köstlich
Divertissement	lat.-frz., hier: Tanzvergnügen
Satyr	Waldgeist

Piazzo del Populo	ital., = Volksplatz, Platz in Rom
Säkulum	lat., Jahrhundert, Zeitalter
Pike	heimlicher Groll
Faulbettchen	älteres Wort für Kanapee, Sofa
Mordio!	ital., = Mord, zu Hilfe!
Amour	frz., Liebe
desparat	lat., verzweifelt

9. Kapitel

Stephansturm	Turm des Stephansdoms, der Hauptkirche Wiens
Oboe	Holzblasinstrument
Klarinette	Holzblasinstrument
Dreistutzer	Hut mit drei aufgebogenen Krempen
akkompagnieren	frz., begleiten
Viatikum	lat., Wegzehrung, Reisegeld
Kollation	lat., Erfrischung, Imbiss
Dreimännerwein	schlechter, saurer Wein; man sagt, wer ihn trinken wolle, müsse sich von einem zweiten halten lassen, während der dritte ihm den Wein eingieße
Ornat	lat., feierliche Amtstracht; hier: kaiserlicher Schmuck
point d'honneur	frz., Ehrgefühl
odi profanum vulgus et arceo	lat., = ich hasse den Pöbel und halte ihn von mir fern (Beginn einer Ode von Horaz)
Tour	frz., Reise
applizieren	lat.-frz., zuwenden, hier: sich widmen
Konfrater	lat., Mitbruder, Amtsbruder
Clericus ciericum non decimat	lat., = ein Geistlicher schädigt keinen anderen Geistlichen
distinguendum est inter et inter	lat., = man muss unterscheiden zwischen (dem einen) und zwischen (dem anderen)

quod licet Jovi, non licet bovi	lat., = was für Zeus erlaubt ist, ist nicht allen erlaubt (wörtl. einem Ochsen)
Aurora musis amica	lat., = Morgenröte ist die Freundin der Musen
Kollegium	lat., Hörsaal
Pater	lat., Vater, hier: Mönch
perfektionieren	lat., vervollkommnen
Kompendium	lat., wissenschaftl. Handbuch
Kondisciples	lat., Mitschüler, Mitstudenten
Engländer	englisches Pferd
ludi magister	lat., = Meister des Spiels
Devotion	lat., Unterwürfigkeit
Kondition	lat., Stellung, Dienst
Konfusion	Verwirrung, von lat. confusio
Et habeat bonam pacem, Qui sedet post fornacem !	lat., = guter Friede sei dem, der hinter dem Ofen hockt
Venit ex sua domo – Beatus ille homo!	lat., = kommt aus seinem Haus, jener glückliche Mann
Boreas	griech., der Nordwind
Beatus ille homo, Qui sedet in sua domo, Et sedet post fornacem Et habet bonam pacem!	lat., = glücklich ist jener Mensch,/ der in seinem Hause/ und hinter dem Ofen sitzt/ und seinen Frieden hat

10. Kapitel

rekommandieren	lat.-frz., empfehlen
Freischütz	Titelfigur der Oper von Carl Maria von Weber
kouragiös	frz., mutig
Bastion	Festungsanlage
Arkadien	Landschaft in Mittelgriechenland, von den Dichtern als Land der Unschuld und des glücklichen Hirtenlebens gepriesen
Jockey	engl. Reitknecht

4.3 Inhalt der Novelle

I

Verschlafen schaut der Protagonist, ein junger Müllersbursche, in den Frühlingsmorgen. Der Vater ist schon seit Tagesanbruch am Werk. Nun schilt er seinen Sohn einen Taugenichts, der ihn alle Arbeit tun lasse. Er schickt ihn in die Welt hinaus, um sich sein Brot allein zu verdienen. Dem Jungen ist dies nur recht; er nimmt seine Geige und schlendert ohne Ziel aus dem Dorf hinaus. Ihm ist wie „ewiger Sonntag im Gemüt" und so singt er im Wandern das Lied:

> „Wem Gott will rechte Gunst erweisen,
> Den schickt er in die weite Welt"

Zwei vornehme Damen in einem prächtigen Reisewagen, von denen die eine „besonders schön und jünger als die andere" ist, und die Gefallen am Gesang des Taugenichts finden, nehmen ihn auf dem Wagentritt zu ihrem Schloss in der Nähe Wiens mit, wo er als Gärtnerbursche eingestellt wird. Zwar hat der Taugenichts „leider ziemlich viel zu tun", doch im großen und ganzen gefällt es ihm recht gut, zumal er sich in die jüngere der beiden schönen Damen verliebt hat, die ihm jedoch unerreichbar scheint und die er daher nur heimlich aus der Ferne verehrt. An einem Sonntag Nachmittag soll er eine Gesellschaft vornehmer Damen und Herren, darunter seine „schöne Frau", über den Schlossteich rudern. Während der Überfahrt wird er gedrängt, zur Unterhaltung der adligen Gesellschaft ein „Volkslied" zu singen. Die Zuhörer haben aber nur Spott für ihn übrig und so wirft er sich, nachdem die Gesellschaft das Boot verlassen hat, ins Gras und weint bitterlich vor Scham.

II

„In Anbetracht seiner guten Aufführung und besonderer Meriten" setzt die Herrschaft der Taugenichts als Zolleinnehmer ein. So zieht er in das Zollhäuschen und übernimmt die Hinterlassenschaft seines seligen Vorgängers: Schlafrock, Pantof-

feln, Schlafmütze und Pfeifen. Zu tun hat er nichts, so sitzt er den lieben langen Tag im Schlafrock vor der Tür und beobachtet das Treiben auf der Straße. Dabei denkt er „mancherlei hin und her, wie aller Anfang schwer ist, wie das vornehmere Leben doch eigentlich recht bequem sei“ und entschließt sich, nunmehr das Reisen aufzugeben, Geld zu sparen und es zu etwas Großem zu bringen. Er freundet sich mit dem philiströsen Portier des Schlosses an, der dem frischgebackenen Einnehmer häufig einen Besuch abstattet. Die „schöne Frau“ hat der Taugenichts keineswegs vergessen: Er wirft Kartoffeln und Gemüse aus dem Gärtchen des Zollhauses und bebaut es mit den herrlichsten Blumen. Täglich bindet er einen Strauß und legt ihn heimlich auf einen Tisch im Park. Als der Taugenichts einmal seiner Angebeteten überraschend begegnet, stammelt er verwirrt: „Schönste gnädige Frau, nehmt auch noch diesen Blumenstrauß von mir, und alle Blumen aus meinem Garten und alles was ich habe. Ach, könnt‘ ich nur für Euch ins Feuer springen!“ Nachdem sie den Burschen zunächst missbilligend angeschaut hat, ergreift sie den Strauß und verschwindet, ohne ein Wort zu sagen.
Dieser Vorfall bringt den Taugenichts völlig aus der Ruhe; ihm ist, als stünde ihm ein großes Glück bevor. Das Rechnen geht ihm nicht mehr von der Hand, die Zahlen verwandeln sich dabei vor seinen Augen zu wunderlichen Figuren, und auch das Sitzen vor der Tür behagt ihm nicht mehr so recht. Zwar legt der Taugenichts seine Sträuße weiterhin auf den steinernen Tisch im Schlossgarten, aber niemand kümmert sich mehr darum.
Damit sich die „gnädige Frau“ für ein Gartenfest als Gärtnerin maskieren kann, bestellt die Kammerjungfer beim Taugenichts „schöne Blumen zu ihrem Anzug“. Irrtümlich nimmt der Bursche an, es handle sich um seine Angebetete und sucht hocherfreut einen Korb der schönsten Blumen zusammen. Als er sie im Park am verabredeten Ort der Verkleideten überreichen will, klärt sich der Irrtum rechtzeitig auf. Hinter der Larve versteckt sich das geschwollene, ziegelrote Gesicht der älteren, gnädigen Frau. – Und seine „allerschönste Frau“ scheint ihm noch unerreichbarer, als sie an der Seite eines schönen Offiziers auf den Balkon des Schlosses tritt.
Die ganze Nacht verbringt der Taugenichts konsterniert auf einem Baum „wie die Nachteule, in den Ruinen meines Glücks“.

Am nächsten Morgen packt ihn wieder die alte Reiselust und er zieht auf der Landstraße nach Italien, getreu dem Motto:

„Den lieben Gott lass ich nur walten;
Der Bächlein, Lerchen, Wald und Feld
Und Erd‘ und Himmel tut erhalten,
Hat auch mein‘ Sach‘ aufs best‘ bestellt!“

III

Da der Taugenichts den Weg nach Italien nicht kennt, fragt er einen Bauern, der jedoch argwöhnt, er werde zum Narren gehalten, und den Taugenichts stehenlässt. Als der Bauer den Burschen später schlafend unter einem Apfelbaum in seinem Garten findet, kommt es zu einem derbdrolligen Auftritt. Vor dem aufgebrachten Alten flieht der Taugenichts mit einem Sprung über den Gartenzaun und zieht aufs Geratewohl weiter über die Landstraße ins Gebirge. Er befiehlt sich Gottes Fügung, nimmt seine Violine hervor und spielt alle seine liebsten Stücke. Schließlich verspürt er auf seinem Weg durch einen schier endlosen Wald Hunger, und als es fast dunkel ist, erreicht er endlich ein kleines Dorf. Er spielt der Dorfjugend zum Tanz auf und findet Gefallen an einem schmucken Mädchen, der Tochter eines reichen Bauern. „Ich konnte da mein Glück machen, eh‘ man die Hände umkehrte. Und Hammel und Schwein, Puter und fette Gänse mit Äpfeln gestopft“. Solchen Gedanken über eine gesicherte Existenz nachhängend, hockt er allein und verlassen mit leeren Taschen und voller trüber Gedanken vor dem Wirtshaus, als plötzlich zwei Reiter auftauchen, die er für Räuber hält, und vor denen er sich auf der Dorflinde zu verstecken sucht. Doch die Reiter entdecken ihn und verlangen, dass er sie nach dem Dorfe B. führe, obwohl der Taugenichts versichert, nicht zu wissen, wo B. liege. Er schlägt den ersten besten Weg ein. Nachdem sie die ganze Nacht durch den Wald gezogen sind, erkennen die Reiter in der Morgendämmerung ihren Führer als den Zolleinnehmer vom Schloss. Die vermeintlichen Räuber geben sich als zwei Maler aus: Herr Leonard, groß und schlank; und Herr Guido, viel jünger, kleiner und feiner, mit schwarzen verliebten Augen.

Da die beiden ebenfalls nach Italien wollen und einen Bediensteten benötigen, schlagen sie vor, die Reise zu dritt fortzusetzen .

IV

In B. angekommen, werden die Herren Maler bereits von einem prächtigen Reisewagen erwartet. Der Taugenichts erhält neue Kleider und eilends brechen sie nach Italien auf. Tag und Nacht reisen sie ohne Ruhe und Rast, der Taugenichts auf dem Bock, wachend, schlafend und geigend. Nachdem sie die Lombardei durchquert haben, übernachten sie in einem ziemlich liederlich aussehenden Wirtshaus auf dem Lande. In der Wirtsstube fragt ein altes, buckliges Männlein mit einer Adlernase ihn über den weiteren Verlauf seiner Reise aus. Beinahe kommt es zum offenen Streit zwischen ihnen, denn keiner versteht des anderen Sprache, und schließlich verlässt der Taugenichts die Gaststube. Er schläft in dieser Nacht vor der Haustür und wird am nächsten Morgen von einem Posthorn geweckt. Als er seine Herrschaft wecken will, findet er ihr Zimmer leer, nur ein voller Geldbeutel liegt auf dem Tisch mit einem Zettel, auf dem geschrieben steht: „Für den Herrn Einnehmer". Niemand im Wirtshaus weiß von den Herren, nur eine Magd hat bemerkt, dass Herr Guido, als er abends auf dem Balkon sang, plötzlich erschrocken aufgeschrien hat. Des Nachts habe sie den buckligen Signor aus der Wirtsstube im Mond schein auf einem Schimmel über das Feld galoppieren sehen. Bald drängt der Postillon zur Weiterfahrt und der Taugenichts springt allein in den Wagen.

V

Wieder geht die Fahrt Tag und Nacht durch das italienische Land. Überall, wo sie ankommen, stehen bereits angeschirrte Pferde, und der Taugenichts kann sich in den Wirtshäusern kaum richtig satt essen. Eines Tages verlässt der Wagen plötzlich die breite Landstraße und fährt durch eine wilde Gebirgs- und Waldlandschaft.
Am Ende erreichen sie ein Schloss auf einem hohen Berg, wo ein alter, hagerer Mann und eine hässliche alte Frau den Tau-

genichts empfangen. Nach einem reichen Mahl wird er in ein Zimmer mit einem prächtigen Bett geführt, in dem er „voller Vergnügen“ einschläft.

VI

In dem Schloss kann der Taugenichts ein Leben führen „wie sich's ein Mensch nur immer in der Welt wünschen kann.“ Es vergeht ein Tag nach dem anderen, bis er am Ende anfängt, von dem guten Essen und Trinken ganz melancholisch zu werden. Vom ewigen Nichtstun gehen ihm die Glieder aus allen Gelenken und so fürchtet er vor Faulheit noch ganz auseinanderzufallen. Unverständlich ist ihm allerdings, dass man lacht, wenn er eine Flasche Wein an einem Tag austrinkt oder nach einer Pfeife Tabak verlangt. Auch merkt er die Verlegenheit eines schmalen, blassen Studenten, der bei seinem Verwandten, dem Schlossverwalter, die Semesterferien verbringt.
Eines Tages erhält der Taugenichts ein Briefchen von seiner „schönen Frau“, in dem sie schreibt, es sei alles wieder gut. „Kommen, eilen Sie zurück ... ich kann kaum mehr leben, seit Sie von uns fort sind. Aurelie.“
Der Taugenichts ist überglücklich und will so bald wie möglich nach Wien zurückkehren. In der folgenden Nacht glaubt er, ein Mordkomplott des Schlossverwalters und der Haushälterin gegen ihn zu entdecken und voller Angst klettert er aus dem Fenster seines Zimmers. Unvermutet leistet ihm der blasse Student Fluchthilfe und beide rennen in den an das Schloss grenzenden Wald.
Kaum haben sie den Wald betreten, fällt der Student vor dem Taugenichts auf die Knie und seine „amore“-Schwüre irritieren den Taugenichts derart, dass er allein weiter in den dicksten Wald flieht. Vor den Verfolgern rettet er sich auf den Wipfel einer hohen Tanne. Erst als die Stimmen der Häscher sich entfernt haben, steigt er von dem Baum herab und läuft atemlos in die Nacht hinaus.

VII

Immer in Angst vor Verfolgern befindet sich der Taugenichts plötzlich nur noch wenige Meilen vor Rom. Die heilige Stadt liegt im Mondschein wie ein eingeschlafener Löwe, als er sie das erste Mal erblickt. Und wiederum ist es eine helle Mondnacht, als er Rom betritt. Er schlendert zwischen Gärten und Palästen die Straßen entlang, bis er unvermittelt die Stimme der „schönen Frau" zu hören glaubt, dasselbe Lied singend, das er von zu Hause kennt. In einem Garten bemerkt er eine schlanke, weiße Gestalt, die, als er sich über ein Gittertor schwingt, jedoch in einem Hause verschwindet. Auch als er nun auf der Geige alle seine Lieder spielt, bleibt diese Gestalt verschwunden. Erschöpft schläft er auf der Schwelle des Hauses ein.
Am Morgen graust ihm vor dem einsamen Haus und Garten, geschwind klettert er über das Gartentor und setzt sich auf den Rand eines Springbrunnens, um sich die Augen zu waschen. Dabei singt er das Lied

„Wenn ich ein Vöglein wär',
Ich wüßt' wohl, wovon ich sänge"

„Ei, lustiger Gesell, du singst ja wie eine Lerche beim ersten Morgenstrahl!", spricht ihn ein junger Mann an. Der Taugenichts freut sich, in diesem abweisenden und unheimlichen Rom einen Landsmann gefunden zu haben. Dieser stellt sich als Maler vor und lädt den Taugenichts zum Frühstück in sein Atelier ein. Während der Maler an einem begonnenen Marienbild weiterarbeitet, besieht sich der Taugenichts die Bilder, die an der Wand lehnen. Zwei gefallen ihm besonders, und er fragt den Maler, ob er jene auch gemalt habe. Dieser antwortet, die Bilder seien von den berühmten Malern Leonardo da Vinci und Guido Reni, doch davon wisse er ja nichts. Verärgert antwortet der Bursche, er kenne die beiden Meister wie seine eigene Tasche, mit ihnen sei er Tag und Nacht gereist. Der Maler bricht in ein lautes Gelächter aus: „Nun versteh' ich, du bist mit zwei Malern gereist, die Leonard und Guido heißen ... ich glaube gar, am Ende – spielst Du die Violine?"
– Schließlich erfährt der Taugenichts auch, dass der Maler die „schöne gnädige Frau" gemalt hat, als sie nach Rom gekommen ist, um Leonard, Guido und den jungen Musikanten zu suchen.

Begeisterungstrunken rennt der Taugenichts zur Tür hinaus und die vielen Treppen hinunter. Der verwunderte Maler ruft ihm nach, er solle gegen Abend wiederkommen, da könne er vielleicht mehr erfahren.

VIII

Der Taugenichts läuft in großer Eile durch die Stadt, um sich in dem Gartenhaus zu melden, wo die „schöne Frau“ am Abend zuvor gesungen hat. Obwohl er den ganzen Vormittag sucht, findet er das Haus nicht wieder, ermüdet schläft er um die Mittagszeit im Schatten eines großen Palastes ein.
Als der Bursche erwacht, ist er mit schönen frischen Blumen bedeckt, ohne dass er sich deren Herkunft erklären kann. Unerwartet holt der Maler den Taugenichts an diesem Ort ab und führt ihn zu einem Garten vor den Toren der Stadt, in dem sich gewöhnlich Landsleute treffen. Die Anwesenden lauschen dem Vortrag zweier musizierender Frauen, deren Lied aber kurze Zeit später durch ein hereinstürmendes, sich lauthals streitendes Paar unterbrochen wird. In der von ihrem Begleiter der Treulosigkeit bezichtigten Frau erkennt der Taugenichts die Kammerjungfer seiner schönen gnädigen Frau wieder. In einem unbeobachteten Moment steckt ihm die Jungfer heimlich einen Zettel zu, der ihn zu einem Rendezvous mit der „schönen jungen Gräfin“ einlädt. Nachdem alle anderen Gäste den Garten verlassen haben, sind nur noch der Maler, der Begleiter der Kammerjungfer, der ebenfalls als Maler vorgestellt wird und sich Herr Eckbrecht nennt, und der Taugenichts anwesend. Herr Eckbrecht, der einen weißen Mantel umgelegt hat, stellt sich in einem langen verworrenen Monolog als Genie vor und diskursiert über die Antinomie zwischen Genie und Welt. Dem Taugenichts graut vor dem Gerede und er schleicht sich heimlich davon. Wie zufällig findet er jetzt das Gartenhaus, das er tagsüber vergeblich gesucht hat und in dem eine schöne Frau dasselbe Lied singt, das er am Abend zuvor gehört hat. Er erblickt eine verdächtige Gestalt im weißen Mantel des Malers Eckbrecht, auf den er „vom Anfang an eine absonderliche Pike wegen seiner unvernünftigen Reden hatte“, gerät außer sich vor Zorn und meint, „das liederliche Genie“ wolle die

gnädige Frau „beschleichen, verraten, überfallen". Mit lautem Mordio-Geschrei läuft er ihm nach, doch bevor er ihn erwischt, verwickelt er sich in den Blumen und stürzt zu Boden. Als er sich aufrafft, steht die Kammerjungfer im Mantel des Malers vor ihm, den dieser der Kälte wegen ihr umgehängt hat. Über den Lärm ist die gnädige Frau von ihrem Gartensofa aufgesprungen. Doch der Taugenichts erblickt statt seiner „schönen gnädigen Frau" eine große, korpulente, mächtige Dame mit einer stolzen Adlernase und hochgewölbten schwarzen Augenbrauen, „so recht zum Erschrecken schön". Da die gesamte Nachbarschaft durch den Krach aufgewacht ist, ist das inszenierte heimliche Rendezvous geplatzt und es klärt sich schnell auf, dass es jene Gräfin gewesen ist, die dem schlafenden Taugenichts die Blumen verehrte, und dass die Kammerjungfer in Rom ihre Herrschaft gewechselt hat.

Der Taugenichts nimmt sich fest vor, „dem falschen Italien mit seinen verrückten Malern, Pomeranzen und Kammerjungfern auf ewig den Rücken zu kehren" und wandert zur selben Stunde zum Tor hinaus.

Der Taugenichts ist auf dem Rückweg auf einem hohen Berg angelangt, von wo man zum ersten Mal nach Österreich hineinsehen kann, und singt voller Freude ein Lied. Während der letzten Strophe fallen drei Prager Studenten mit Blasinstrumenten in dieses Jubellied ein, die während der Semesterferien auf Wanderschaft sind und sich musizierend von Dorf zu Dorf durchschlagen. Bei der Beratung über die weitere Marschroute fällt einem der Studenten ein, dass der Portier auf einem Schloss unweit von Wien sein Vetter sei, dem „solle man unser Kompliment machen, und dann wird er schon dafür sorgen, wie er uns wieder weiter fortbringt". Dies ist nun der Portier auf dem Schloss der „schönen gnädigen Frau", und es wird beschlossen, gemeinsam mit dem Postschiff auf der Donau dorthin zu fahren. Auf dem Schiff treffen die vier als weitere Fahrgäste ein junges Mädchen und einen Geistlichen, die beide ebenfalls zum Schloss der „schönen gnädigen Frau" unterwegs sind. Aus ihrem Gespräch entnimmt der Taugenichts, dass es auf dem Schloss bald eine Hochzeit geben werde und bezieht diese Neuigkeit voreilig auf seine Person.

X

Als das Schiff am Ufer angelegt hat, rennt der Taugenichts sogleich zum herrschaftlichen Garten. In geringer Entfernung hört er die Stimme des Malers Guido im Garten ein bekanntes Lied singen. Voller Freude springt der Taugenichts über Beete und Hecken der Musik nach und findet die „schöne gnädige Frau“. Sie hört einer anderen jungen Dame zu, die zur Gitarre singt. Die „schöne Frau“ entdeckt mit einem freudigen Ausruf den Taugenichts. Auf ein verabredetes Zeichen kommt nun eine Schar kleiner Mädchen aus den Rosensträuchern, sie umwinden den Taugenichts mit einer Blumengirlande, tanzen um ihn und singen

„Wir bringen dir den Jungfernkranz
Mit veilchenblauer Seide,
Wir führen dich zu Lust und Tanz,
Zu neuer Hochzeitsfreude.
Schöner, grüner Jungfernkranz,
Veilchenblaue Seide.“

Ein junger Mann in feiner Jägerkleidung tritt aus dem Gebüsch und der Taugenichts erkennt den Herrn Leonard. Dieser fasst die „schöne junge Frau“ bei der Hand, führt sie zu Taugenichts und hält eine feierliche Rede, die mit den Worten endet: „Und nun, da es so gekommen ist, ihr zwei lieben närrischen Leute! schlagt den seligen Mantel um euch, dass die ganze Welt rings um euch untergeht – liebt euch wie die Kaninchen und seid glücklich!“
Aus dem Munde des Herrn Leonhard erfährt der Taugenichts die Aufklärung der verworrenen Geschichte. Ausgangspunkt der Konfusion ist die Liebe zwischen dem Grafen Leonhard und Fräulein Flora, der Tochter der Gräfin. Floras Mutter hat diese Liebe anfangs nicht gebilligt. Um Flora, alias Maler Guido, vor den Nachstellungen eines aufdringlichen Liebhabers in Sicherheit zu bringen, habe er, verkleidet als Maler Leonhard, sie nach Italien entführt, um sie auf einem seiner einsamen Schlösser zu verbergen. Unterwegs sei man ihnen aber auf die Spur gekommen, denn der bucklige Signor sei nämlich ein Spion gewesen. Sie hätten sich in den Wäldern verborgen und

den Taugenichts auf dem vorbestellten Postkurs allein weiterreisen lassen. So seien die Verfolger getäuscht worden, aber auch die Leute auf dem Bergschloss, die das verkleidete Fräulein Flora erwartet und ihn dafür gehalten hätten. „Also zum Schluss, wie sich's von selbst versteht und einem wohlerzogenen Roman gebührt: Entdeckung, Reue, Versöhnung, wir sind alle wieder lustig beisammen, und übermorgen ist Hochzeit!“ Plötzlich erhebt sich ein „rasendes Spektakel“ im Garten von Pauken und Blasmusik, Böllerschüssen und Vivatrufen. Die „schöne gnädige Frau“ entflieht dem Lärm, der Taugenichts eilt ihr nach. Allein mit ihr fasst er sich ein Herz und nimmt ihre Hand, woraufhin sie ihn an sich zieht und ihm um den Hals fällt. Nun klärt sich auch ein weiterer Irrtum auf: Der schöne Offizier, an dessen Seite der Taugenichts sie zum letzten Male auf dem Balkon des Schlosses gesehen hat, ist der Sohn der Gräfin, zu dem sie in keinerlei Beziehung steht. Sie selbst ist auch keine „gnädige Frau“, sondern die Nichte des Portiers, der sie als arme Waise auf das Schloss gebracht hat.

4.4 Figuren der Novelle

Zur Schwierigkeit, den Charakter von Eichendorffs Novellenfiguren präzise zu beschreiben, stellt Richard Alewyn fest: „Es ist stets und oft bemängelt worden, wie unscharf bei ihm die Umrisse von Personen, Situationen und Gegenständen gezeichnet sind.“[35]

Nun muss man freilich davon ausgehen, dass eine präzise und umfassende Beschreibung von Personen und Gegenständen nicht in Eichendorffs Absicht liegt. Der ziellosen Sehnsucht des romantischen Wesens entspricht die ungefähre und fließende Unbestimmtheit der sprachlichen Darstellung. Die Umrisse aller Gestalten und Erscheinungen verschwimmen im Nebel, das gesamte Dasein ist wolkenhaft ziehend und formenlos; der Phantasie des Lesers wird ein weiter Spielraum gewährt, und mit dem Versuch, eindeutige Aussagen zu treffen, tut man romantischen Dichtungen oft Gewalt an.

35) Alewyn, Ein Wort über Eichendorff, S. 10

Eine interessante Möglichkeit, die Charaktere der Novelle in ein Kategorienschema einzuordnen, das sich an Eichendorffs Raumgefühl orientiert, bietet Richard Alewyn: „Man kann zum Beispiel Eichendorffs Personen durchaus vollständig aufteilen in solche, die sich in geschlossenen Räumen behaglich fühlen, und solche, die nur höchst ungern und nach Möglichkeit nur für kurze Zeit unter einem Dach einkehren. Mit diesen Lebensgewohnheiten sind ganz bestimmte Wertvorstellungen verknüpft. Die Angehörigen der ersten Gruppe sind Günstigenfalls die Philister, die mit mitleidiger Toleranz oder gutmütigem Spott betrachtet werden. Es gehören aber zu ihr ferner alle die Gestalten, die nicht nur menschlich verkümmert, sondern auch sittlich verkommen sind, wie vor allem der städtische Adel der Residenzen, auf den Eichendorff nicht gut zu sprechen war. Die anderen dagegen, denen seine ganze Sympathie gehört, zeigen ein Verhalten, das man nicht anders als mit Klaustrophobie bezeichnen darf. Sie fühlen sich in geschlossenen Räumen wie eingekerkert, wenn nicht geradezu krank, und suchen die erste Gelegenheit, die dem gesunden Menschen allein natürliche Lebensweise wiederaufzunehmen und, wenn nicht überhaupt ins Freie auszubrechen, so doch –
ans Fenster zu treten.“[36)]

4.4.1 Der Taugenichts

Folgt man Alewyns Klassifizierung, gehört der Taugenichts unzweifelhaft zur zweiten Spezies der Eichendorffschen Figuren. Ein genauerer Bestimmungsversuch offenbart jedoch bald, dass die Gestalt beim Nänertreten eigentümlich zu flimmern beginnt.
Nur wenig lässt sich über die Herkunft des Protagonisten der Novelle in Erfahrung bringen: Als vermeintlich einziges Kind eines Müllers wächst er nach dem Tod seiner Mutter in seiner heimatlichen Mühle unter der Obhut des Vaters auf. Seine biographischen Daten sind offensichtlich so unwichtig, dass er statt eines Namens nur die stigmatisierende Bezeichnung „Taugenichts“ erhält, die er auch sofort bereitwillig akzeptiert.

---

36) Ebd., S. 16

Über das äußere Erscheinungsbild des Helden ist nicht viel mehr bekannt, als dass er ständig eine Geige mit sich herumträgt und ansonsten jung und schön ist, wie durch den emphatischen Ausruf des Malers Guido, alias Fräulein Flora: „Come e bello!", durch das Heiratsangebot des reichen, schmucken Mädchens und das brünstige Verhalten der italienischen Gräfin bestätigt wird.
Ein naives, unbekümmertes Gottvertrauen bestimmt als Grundzug den Charakter des Taugenichts, wenn er singt:

> Den lieben Gott lass ich nur walten;
> Der Bächlein, Lerchen, Wald und Feld
> Und Erd' und Himmel tut erhalten,
> Hat auch mein' Sach' aufs best' bestellt![3)]

Der himmlische Vater sorgt dafür, dass Himmel und Erde erhalten bleiben, und er sorgt auch für das geringste seiner Geschöpfe. Dieser Gedanke verweist auf das Gebot der Bergpredigt, nicht Schätze zu sammeln und nicht um das Leben zu sorgen: „Betrachtet die Vögel des Himmels! Sie säen nicht, sie ernten nicht, sie sammeln nicht in den Scheunen; und euer himmlischer Vater nährt sie doch. Seid ihr denn nicht viel wertvoller als sie?"[38)]
Der Taugenichts denkt und handelt nur für den heutigen Tag und beschwert sich nicht mit der Sorge um den nächsten Morgen. Er hat nichts zu verlieren; was er erhofft, ist kein angemessenes Aquivalent für irgendeine Leistung, sondern Glück von der bescheidensten Sorte. Das Glück, das er am Ende erfährt, die Hand der schönen Frau, liegt völlig außerhalb jeder rational begründeten Erwartung und stellt die letzte überraschende Wendung im Novellengeschehen dar.
Der Entschluss, Geld zu sparen und etwas Großes zu werden, ist ebenso schnell gefasst wie vergessen. Seinem Leichtsinn entspricht ein Defizit an Strebsamkeit und beharrlichem Fleiß. Er fühlt sich am wohlsten, wenn er an einem heißen Nachmittag auf dem Rücken liegen und von der schönen Frau träumen kann.

---

37) Eichendorff, Taugenichts. Stuttgart: Reclam Bd. 2354, 1970 ff, S. 4; 25. Nach dieser Ausgabe wird zitiert.

38) Neues Testament, Matthäus 6, 26

Dennoch ist der Taugenichts keine eindimensional angelegte Figur. Er ist keineswegs immer so sorglos und glücklich, wie man aufgrund seiner euphorischen Aufbruchsstimmung erwarten sollte. Immer wieder erinnert er sich auf den Stationen seiner Reise an die heimatliche Mühle beziehungsweise später an das Schloss als Ort der Geborgenheit: „. . . da fiel mir erst wieder mein Dorf ein und mein Vater und unsere Mühle, wie es da so heimlich kühl war an dem schattigen Weiher, und dass nun alles so weit, weit hinter mir lag. Mir war dabei so kurios zumute, als müsst' ich wieder umkehren. . ."[39] Während die anderen Burschen sonntags nachmittags zu den Tanzböden der nahen Vorstadt gehen, sitzt der Taugenichts „wie ein Rohrdommel im Schilfe eines einsamen Weihers" und ihm ist „zum Sterben bange".[40] Neben derartigen Anfällen von Melancholie ist es vor allem das Bewusstsein des sozialen Abstands zu der von ihm geliebten „schönen gnädigen Frau", das Depressionen erzeugt: Nach dem Huldigungslied an die Verehrte inmitten der herrschaftlichen Gesellschaft heißt es: „(E)s fiel mir jetzt auf einmal alles recht ein, wie sie so schön ist und ich so arm bin und verspottet und verlassen von der Welt. . .. da konnt' ich mich nicht länger halten, ich warf mich in das Gras hin und weinte bitterlich."[41] Auch die Selbstreflektion: „Jeder hat sein Plätzchen auf der Erde ausgestreckt, hat seinen warmen Ofen, seine Tasse Kaffee, seine Frau, sein Glas Wein zu Abend und ist so recht zufrieden; . . . Mir ist's nirgends recht. Es ist, als wäre ich überall eben zu spät gekommen, als hätte die ganze Welt gar nicht auf mich gerechnet."[42] will sich nicht in das Bild eines „Hans im Glück" fügen .

Anders als in den Entwicklungs- und Bildungsromanen ist der Aufbruch des Helden aus der väterlichen Mühle nicht durch den Wunsch und die Absicht motiviert, sich selbst, ganz wie er da ist, auszubilden, wie es Wilhelm Meister in dem Brief an seinen Schwager Werner programmatisch formuliert.[43] Wandern ist für den Taugenichts kein integraler Bestandteil eines Bildungsweges zur Persönlichkeitsentfaltung oder zur Ausbildung

---

39) Eichendorff, Taugenichts, S. 5
40) Ebd., S. 10
41) Ebd., S. 12
42) Ebd., S. 21
43) Vgl. Goethe, Wilhelm Meisters Lehrjahre, 5. Buch, 3. Kapitel, S. 290

eines angeborenen Künstlertums wie in Novalis' „Heinrich von Ofterdingen“, sondern es ist Metapher für das Menschsein überhaupt. Aber auch in diesem Punkt ist der Taugenichts Anfechtungen ausgesetzt, so genießt er anfangs das Einnehmerdasein: „Der Schlafrock stand mir schön zu Gesichte, und überhaupt das alles behagte mir sehr gut.“[44]; nach dem Heiratsangebot des reichen, schmucken Mädchens geht dem Taugenichts „mancherlei im Kopfe herum“ und er reflektiert die Vorteile einer gesicherten Existenz.[45] Letztlich bleibt er aber doch „ein Vogel, der aus jedem Käfig ausreißt, sobald er nur kann, und lustig singt, wenn er wieder in der Freiheit ist.“[46] So gibt er folgerichtig seine philiströse Existenz als Einnehmer ebenso auf, wie er das Heiratsangebot des Mädchens ausschlägt. Auch am Ende will er sich nicht auf dem geschenkten Schlösschen niederlassen, sondern gleich nach der Trauung mit seiner Braut nach Italien reisen. Ferner ist das Wandern Unterscheidungskriterium zu den sesshaften Philistern, auf die der Taugenichts im Sinne der romantischen Tradition stolz herabsieht.

Der Taugenichts ist auch Künstler, allerdings weniger aufgrund seiner musischen Fähigkeiten, erschöpft sich die Virtuosität seines Geigenspiels doch in der unterhaltsamen und ansprechenden Präsentation von Tanz-, Wander- und Volksliedern, als vielmehr aufgrund der Tatsache, dass er liebt: „Ja, sie [die Liebe, d. Verf.] ist eigentlich ein Poetenmantel, den jeder Phantast einmal in der kalten Welt umnimmt, um nach Arkadien auzuwandern.“[47] Der Taugenichts steht im Widerspruch zum idealistischen Künstlerpathos und artistischen Aufwand. Die asoziale Exklusivität des romantischen „Genies“ ist ihm fremd, denn er versteht seine Kunst nicht subjektiv-genialisch, sondern kirchlich-religiös und volkstümlich-gesellig. Dies zeigt sich, als er mit dem Repräsentanten weltferner Kunstideologie, Herrn Eckbrecht, zusammentrifft und vor dessen „wilde(m) Gerede“ so schnell wie möglich flieht.[48] In der volkstümlichen Kunst des Taugenichts wird die Versöhnung zwischen Poesie

---

44) Eichendorff, Taugenichts, S. 14
45) Ebd., S. 33
46) Ebd., S. 88
47) Ebd., S. 95
48) Vgl. ebd., S. 75f

und Leben anvisiert und die Spannung zwischen den beiden Bereichen weitgehend entschärft.

Die für die Figur des Taugenichts konstitutive Multivalenz begründet die Fülle unterschiedlichster Interpretationen. Schon früh wird er als Inkarnation des deutschen Wesens gedeutet, so schreibt am 6. Januar 1857 Theodor Fontane an Paul Heyse: „... der Taugenichts ist after all nicht mehr und nicht weniger als eine Verkörperung des deutschen Gemüts, die liebenswürdige Type nicht eines Standes bloß, sondern einer ganzen Nation."[49]

Als Apologet einer von fremdem Zivilisationsgeist bedrohten Kultur nennt Thomas Mann ihn in seinen „Betrachtungen eines Unpolitischen" ein „in seiner Anspruchslosigkeit rührendes und erheiterndes Symbol reiner Menschlichkeit... Er ist Mensch, und er ist es so sehr, dass er überhaupt nichts außerdem sein will und kann: eben deshalb ist er der Taugenichts. Denn man ist selbstverständlich ein Taugenichts, wenn man nichts weiter prästiert, als eben ein Mensch zu sein. Auch ist sein Menschentum wenig differenziert, es hat etwas Abstraktes, es ist bestimmt eigentlich nur im nationalen Sinne, – dies allerdings sehr stark; es ist überzeugend und exemplarisch deutsch, und obgleich sein Format so bescheiden ist, möchte man ausrufen: wahrhaftig, der deutsche Mensch!"[50] Unzweifelhaft meint dies keineswegs ein verkürzendes nationales oder gar nationalistisches Deutschtum, sondern ein Spezifikum, das an humanistische Traditionen anknüpft.

Benno von Wiese interpretiert die Novelle geistesgeschichtlich als auf der Schwelle zwischen Romantik und Biedermeier stehend und betont das märchenhafte Glück, das „nur der lauteren Seele" geschenkt wird: „Nur der reine Tor kann als verwunschener Prinz auf einem ‚Schlosse' des Südens leben und für ein vornehmes verkleidetes Mädchen gehalten werden ... Der Taugenichts hat zwar auch seine Fehler, er ist keineswegs eine idealisierte Gestalt, aber er hat eine natürliche Gutheit, alles Zweideutige, Intrigierende, Berechnende oder Gemeine liegt gänzlich außerhalb seines Wesens. Er hat einen ursprünglichen Adel der Seele, eine Vornehmheit von Natur, die so naiv ist,

49) Erler, Briefwechsel, S. 31
50) Mann, Betrachtungen eines Unpolitischen, S. 382; 381

weil er selber nicht im geringsten darum weiß. Auch sein Mangel an Verstand wird in diesem romantischen Raum zu einem Vorzug, weil gerade der praktische Verstand eines Portiers sich den Blick auf die eigentliche Welt bereits verstellt hat und nicht mehr imstande ist, diese als eine ursprüngliche, von Gott geschaffene Welt wahrzunehmen. Das ist nur auf eine närrische, poetische Weise möglich. Reinheit der Seele, Kindlichkeit, Torheit und praktische Teilhabe an der Welt sind hier unmittelbar miteinander identisch."[51)]

Darüber hinaus finden sich Interpreten, die auf Anklänge und Verbindungen zur höfisch-ritterlichen Minnepoesie des Mittelalters verweisen. Eichendorff wollte ursprünglich der Novelle den Titel „Der letzte Troubadour" geben, der Taugenichts hatte im Vaterhaus in alten Büchern von der schönen Magelone gelesen, und er gleicht in der Tat einem biedermeierhaften Parcifal, der in Waldeinsamkeit aufwächst und zum Toren erzogen wird, später die Welt durchzieht, Abenteuer besteht und infolge seiner „Tumbheit" Fehler über Fehler begeht.[52)]

Helmut Koopmann interpretiert den Helden als Nachfahren des Pikaro und betont den für den pikaresken Helden typischen Abstand zwischen ihm und der Gesellschaft.[53)]

Lukacs sieht im Taugenichts einen frühen und unverdorbenen Zeugen des Protestes gegen die Entfremdung des Menschen im Kapitalismus: „Diese schöne, tendenzlose Idylle drückt als Ganzes polemisch eine Revolte aus gegen die – menschlich gesehen – zwecklose und inhumane Geschäftigkeit des modernen Lebens, gegen die ‚Tüchtigkeit', gegen den ‚Fleiß' des alten und des neuen Philisters."[54)] Diese Interpretation wird in den 70er Jahren von Alexander von Bormann aufgegriffen, der den Taugenichts als eine Figur des romantischen Antikapitalismus deutet, die in der Negation des bürgerlichen Leistungsethos am Lustprinzip fest hält.[55)] Beide Deutungen knüpfen an Schillers Begriff der „Idylle" an, den dieser in seiner Abhandlung „Über naive und sentimentalische Dichtung" dar-

---

51) Wiese, Deutsche Novellen, S. 83f
52) Vgl. Eichendorff, Taugenichts, S. 79
53) Vgl. Koopmann, Um was geht es eigentlich in Eichendorffs „Tauge nichts ?
54) Lukacs, Deutsche Realisten, S. 59
55) Vgl. Bormann, Philister und Taugenichts

legt: „Die poetische Darstellung unschuldiger und glücklicher Menschheit ist der allgemeine Begriff dieser Dichtungsart. Weil diese Unschuld und dieses Glück mit den künstlichen Verhältnissen der größeren Sozietät [Gesellschaft, d. Verf.] und mit einem gewissen Grad von Ausbildung und Verfeinerung unverträglich schienen, so haben die Dichter den Schauplatz der Idylle aus dem Gedränge des bürgerlichen Lebens heraus in den einfachen Hirtenstand verlegt und derselben ihre Stellung vor dem Anfange der Kultur in dem kindlichen Alter der Kindheit angewiesen. Man begreife aber wohl, dass diese Bestimmungen bloß zufällig sind, dass sie nicht als der Zweck der Idylle, bloß als das natürlichste Mittel zu demselben in Betracht kommen. Der Zweck selbst ist überall nur der, den Menschen im Stand der Unschuld, d. h. in einem Zustand der Harmonie und des Friedens mit sich selbst und von außen dazustellen." Und weiter: „Zwar ist auch jene Unschuld des Hirtenstandes eine poetische Vorstellung, und die Empfindungskraft musste sich mithin auch dort schon schöpferisch beweisen; aber außerdem, dass die Aufgabe dort ungleich einfacher und leichter zu lösen war, so fanden sich in der Erfahrung selbst schon die einzelnen Züge vor, die sie nur auszuwählen und in ein Ganzes zu verbinden brauchte. Unter einem glücklichen Himmel, in den einfachen Verhältnissen des ersten Standes, bei einem beschränkten Wissen wird die Natur leicht befriedigt, und der Mensch verwildert nicht eher, als bis das Bedürfnis ihn ängstiget. Alle Völker, die eine Geschichte haben, haben ein Paradies, einen Stand der Unschuld, ein goldnes Alter; ja jeder einzelne Mensch hat sein Paradies, sein goldnes Alter, dessen er sich, je nachdem er mehr oder weniger Poetisches in seiner Natur hat, mit mehr oder weniger Begeisterung erinnert ."[56]

4.4.2 Aurelie – die schöne gnädige Frau

Die wahre Identität jener vom Taugenichts so minniglich verehrten „schönen gnädigen Frau" wird erst am Ende der Novelle preisgegeben: Als verwaiste Nichte des Portiers ist Aurelie als kleines Kind von der Gräfin aufs Schloss genommen und

56) Schiller, Über naive und sentimentalische Dichtung, S. 745f

dort erzogen worden. Somit steht sie mit dem Taugenichts auf einer gesellschaftlichen Stufe.

Es ist immer die Perspektive des sich „in geschlechtlichen Dingen unschuldig bis zur Tölpelhaftigkeit“[57] verhaltenden Taugenichts, aus der Wesen und Erscheinung Aureliens dargeboten werden. Was immer dieses junge Mädchen an erotischer Ausstrahlungskraft besitzt, wird durch religiöse Überhöhung ihrer Person sublimiert: „...da geschah es denn oft, dass die schöne Frau mit der Gitarre oder einem Buche in der Ferne wirklich durch den Garten zog, so still, groß und freundlich wie ein Engelsbild . . .“[58] Diese Überhöhung der Frau resultiert zum einen aus der ursprünglichen Troubadour-Konzeption der Novelle, zum anderen ist sie kennzeichnend für fast alle „marienhaften“ Gestalten Eichendorffs.[59] Der religiös überhöhten Darstellung Aureliens entspricht die ihr zugeordnete Lilie, jene Unschuld, Reinheit und Jungfräulichkeit symbolisierende Blume sowohl Marias als auch des Verkündigungsengels: . . . „Die schöne Frau, welche eine Lilie in der Hand hielt, saß dicht am Bord des Schiffleins . . .“; „. . . die schneeweiße Lilie mit ihrem schwermütig gesenkten Köpfchen sah ganz aus wie sie.“; „. . . die schöne junge gnädige Frau, in ganz weißem Kleide, wie eine Lilie in der Nacht...“[60] Die schöne gnädige Frau, die die Augen niederschlägt, die still lächelt und den Taugenichts recht vergnügt und freundlich ansieht, steht mit diesem keuschen und passiven Verhalten dem Burschen gegenüber in Kontrast zu dem heiratslustigen Bauernmädchen, der schnippischen Kammerjungfer und der frivolen Gräfin.

Eine Sonderstellung nimmt der Traum des Taugenichts ein, in dem ihm Aurelie als Venus-Gestalt erscheint und in dieser Beschreibung an die zur gleichen Zeit entstandene Novelle „Das Marmorbild“ erinnert; für den weiteren Verlauf der Taugenichts-Novelle besitzt diese Erscheinung allerdings die Funktion eines blinden Motivs.[61]

---

57) Mann, Betrachtungen eines Unpolitischen, S. 380
58) Eichendorff, Taugenichts, S. 7
59) Vgl. Sauter-Bailliet, Die Frauen im Werk Eichendorffs
60) Eichendorff, Taugenichts, S. 10f; 19; 23
61) Ebd., S. 27f

4.4.3 Die übrigen Figuren

Wenig individuelle Züge zeigen die anderen Figuren der Novelle. Mehr durch ihre Funktion als durch eine unverwechselbare Individualität bestimmt, weisen sie in die Nähe der Commedia dell'arte, die mit einem feststehenden Figurenarsenal arbeitet.[62)]
Zunächst sind es die Philister, die sich als eine Gruppe ausmachen lassen. Ihr Denken und Handeln erschöpft sich in der Sorge um Sicherung einer materiellen Existenz und in nützlicher Arbeit. Zu ihnen gehören: der Vater des Taugenichts, der Gärtner, der Portier, die Bauern sowie Bekannte und Kameraden des Taugenichts.
Die Theologiestudenten und der Geistliche auf dem Postschiff lassen Reminiszenzen an studentische Burschenschaftstradition erkennen. Sie vertreten eine Wissenschaftsideologie, die offensichtlich die Kluft zwischen Universität und Leben schließen will, allerdings lediglich aufgrund subjektiver Interessen der Studenten.
Der Kreis der zum Schloss gehörenden Figuren entspricht dem operettenhaften Klischee eines von jeder politischen und historischen Dimension abgeschnittenen Adels, dessen Legitimation als gegeben gesetzt wird und dessen Tätigkeit sich in gelegentlichen Kutschfahrten, Liebeshändeln, Jagden, Kahnfahrten, Bällen und Gitarrenspiel im wesentlichen erschöpft.
Die beiden Maler, denen der Taugenichts in Rom begegnet, repräsentieren einen bestimmten Typus des romantischen Künstlers. Der deutsche Maler, der den Taugenichts in sein Atelier einlädt, ist nicht in der Lage, seinen Aufenthalt in Rom schlüssig zu begründen. Er flüchtet sich in unverbindliche Floskeln, wenn er angibt, auch er treibe sich in der Welt herum, „um die Welt zu sehn und hinterdrein abzumalen."[63)] Hier zeigt sich das Wandermotiv der romantischen Kunst als nicht weiter hinterfragtes Attribut einer bestimmten Art der Lebensführung. Der allgemein verbreiteten Vorstellung von der Wohnung eines Künstlers entspricht das Atelier des Malers, in dem bohemienhaftes Chaos herrscht: „Aber da lagen Stiefeln, Papie-

---

62) Vgl. Mühlher, Eichendorffs Erzahlung „Aus dem Leben eines Taugenichts
63) Eichendorff, Taugenichts, S. 64

re, Kleider, umgeworfene Farbtöpfe, alles durcheinander; in der Mitte der Stube standen große Gerüste, wie man zum Birnenabnehmen braucht, ringsum an der Wand waren große Bilder angelehnt. Auf einem langen, hölzernen Tische war eine Schüssel, worauf, neben einem Farbenkleckse Brot und Butter lag. Eine Flasche Wein stand daneben."[64]

Die Karikatur des romantischen Künstlers gipfelt in der Person des Herrn Eckbrecht. Wenn dieses selbst ernannte Genie in dem Gartenlokal dem hübschen Schankmädchen ein paar einfache Gitarrengriffe lehrt, so zeigt sich in dieser Szene bereits der Bohemien, dem Talent nichts weiter als ein geselliger Schmuck ist. Die Persiflierung wird absolut, als er in grenzenloser Selbstüberschätzung seine angeblich bemitleidenswerte Position in der Welt beschreibt: „Oh höchst klägliche, unbequeme, breit gespreizte Position, mit dem einen Beine in der Zukunft, wo nichts als Morgenrot und zukünftige Kindergesichter dazwischen, mit dem andern Beine noch mitten in Rom auf der Piazza del Popolo, wo das ganze Säkulum bei der guten Gelegenheit mit will und sich an den Stiefel hängt, dass sie einem das Bein ausreißen möchten!"[65] Diese larmoyante Klage über die Antinomie zwischen Künstler und Welt aus dem Munde eines betrunkenen Malers, der sich in Vorstadtkneipen herumtreibt und bestrebt ist, hübschen Schankmädchen zu imponieren, desavouiert den Geniekult der romantischen Künstler vollends. Thomas Mann beschreibt den hier vorgestellten Künstlertypus treffend als „Kleine", die „mit persönlichen Krawatten Luxus tr(ei)ben (und) in erster Linie glücklich, liebenswert und künstlerisch zu leben bedacht" sind.[66]

---

64) Ebd., S. 64f
65) Ebd., S. 75f
66) Mann, Tonio Kröger, S. 220

4.5 Überlegungen zur Landschaft

Die Kenntnis von Joseph von Eichendorffs Kinder- und Jugendperiode hat eine besondere Bedeutung für das Werkverständnis. Er selbst lässt einen Helden seiner Novelle „Dichter und ihre Gesellen", den Grafen Fortunat, die Worte sprechen: „Wer einen Dichter recht verstehen will, muss seine Heimat kennen. Auf ihre stillen Plätze ist ihr Grundton gebannt, der dann durch alle seine Bücher wie ein unaussprechliches Heimweh fortklingt."
Am Beginn von Eichendorffs Leben steht sein Heimat schloss Lubowitz, unweit der Stadt Ratibor in Schlesien, umgeben von prächtigen Wäldern und üppigen Gärten. Es bildet den Mittelpunkt eines Jugendparadieses, wie es selten einem Menschen geschenkt wird. In der idyllischen Umgebung, auf den sonnenbestrahlten Oderhöhen mit der Aussicht auf weite Fluren und stille Täler, entwickelt sich die Liebe des Dichters zur Schönheit der Natur durch den Wechsel der Jahreszeiten: „Diese herbstlichen Abschiedslaute der Wandervögel, das Fallen der Blätter, als wollten sie unser Leben begraben; all das Bangen, Sehnen in die Ferne hinaus und doch wieder heimische Behagen in den wohlgeheizten sicheren Stuben, wenn es draußen schneit und stürmt – das alles gehört wesentlich dazu, ein rechtes Dichterherz zu vertiefen, und wird auch eigentlich nur von einem rechten Dichterherzen, wie das Ihre verstanden. Überhaupt kann ein Dichter wohl vom Glücke sagen, wenn er eine l ä n d l i c h e Heimat hat, ich kann mir nicht einmal recht denken, wie einem reinen Stadtvogel zumute ist", schreibt Eichendorff in einem Brief vom 14. November 1853 an Jegór von Sivers.[67] Hier fasst der Dichter an seinem Lebensende noch einmal in reinen klaren Worten zusammen, was ihn in seiner Jugend geformt hat und weist zugleich auf die der Romantik eigentümliche Spannung zwischen Heimatsinn und Sehnsucht nach der Ferne hin, die sein gesamtes dichterisches Werk durchzieht.
Die Landschaften im „Taugenichts" bestehen aus einer wechselnden Kombination einer beschränkten Zahl von Elementen: „Immer wieder rauschen die Wälder, schlagen die Nachtigallen, plätschern die Brunnen, blitzen die Ströme. Immer wieder kom-

67) HKA, Bd. XII, S. 156 Jeg6r von Sievers (1823 – 1879), Gutsbesitzer in Livland, Publizist und Autor von Reiseliteratur

men Lichter oder Klänge aus der Ferne, von den Bergen, aus der Tiefe, zwischen den Wipfeln herüber oder durch das Fenster herein."[68] Alle Landschaftsbeschreibungen Eichendorffs sind die Abwandlung einer einzigen Urlandschaft, die jedoch nur ein oberflächlicher Leser als subjektive Widerspiegelung der oberschlesischen Heimat des Autors verstehen kann.
Es ist mehr als eine simple Landschaftsbeschreibung, wenn es über den auf dem Baume erwachenden Taugenichts heißt: „Da richtete ich mich in meinem Baume auf und sah seit langer Zeit zum ersten Male wieder einmal so recht weit in das Land hinaus, wie da schon einzelne Schiffe auf der Donau zwischen den Weinbergen herabfuhren und die noch leeren Landstraßen wie Brücken über das schimmernde Land sich fern über die Berge und Täler hinausschwangen."[69] Der Standpunkt des Taugenichts befindet sich am Rande der Landschaft, die er beschreibt. Diese Landschaft liegt nicht starr vor ihm, sondern ist in Bewegung: Landstraßen schwingen sich und die Bewegung des Flusses wird durch das Vehikel der fahrenden Schiffe angezeigt. Durch die Verbindung der Verben mit den Präfixen „herab-" und „hinaus-" erhöht sich der Eindruck einer Bewegung. Zwar befinden sich der Bursche und die Landschaft in engster Korrespondenz und Kommunikation, aber dennoch steht diese ihm autonom gegenüber; sie hat ihren eigenen Mittelpunkt, zu dem alles strebt, der alles anzieht: die Ferne. Obgleich dieser Mittelpunkt für den Betrachter niemals erreichbar ist, verlöre doch die Ferne anderenfalls ihr Charakteristikum, liegt er dennoch *in* der Landschaft und nicht außerhalb dieser im Unendlichen. Der Zwischenraum zwischen dem Standpunkt des Taugenichts und der Ferne bleibt nicht leer, sondern wird ausgefüllt mit der zwischen den Weinbergen fließenden Donau und mit Landstraßen, die über Berge und Täler auf diesen Punkt zuschwingen. Nicht nur die Substantive dienen zur Auffüllung, sondern es sind vor allem die bei Eichendorff häufig auftretenden Präpositionen, die die Leere überwinden helfen. Eine derartige Konzeption beschreibt die Landschaft nicht nur, sie füllt die im Kopf des Lesers imaginierte Landschaft gleichzeitig an und dehnt sie dadurch; ferner wird, indem sie vermittelt wird, zugleich hinausgerückt, es entsteht

68) Alewyn, Ein Wort über Eichendorff, S. 10
69) Eichendorff, Taugenichts, S. 24

„Raumtiefe".[70] Somit liegt in der Eichendorffschen Landschaftsbeschreibung der konsequenteste Versuch vor, reinen Raum in der Dichtung darzustellen. Richard Alewyn hat in seiner Arbeit „Eine Landschaft Eichendorffs"[71] dieses Allgemeingültige der Landschaftsbeschreibung des Dichters schlüssig aufgezeigt.
Trotz der Austauschbarkeit der Landschaften ist eine gewisse Übereinstimmung zwischen den Seelenzuständen des Helden und der vorliegenden Landschaftsdarstellung zu konstatieren. Wichtig ist dabei, zu welcher Tageszeit der Held die Landschaft erblickt. Vor allem der kühle Morgen ist es, der Fernweh weckt, während am Abend die Landschaft in poetischem Glanz erscheint. Der schwüle Mittag evoziert Angst und Beklemmungsgefühle, während die Nacht ambivalenten Charakter besitzt, sie wirkt entweder poetisch verklärt oder bedeutet Furcht und Unheil. Dieser Untersuchungsbefund veranlasst Oskar Seidlin zu der These, weder handle es sich um eine realistische Landschaftsdarstellung, noch um eine romantische Stimmungslandschaft, sondern man müsse vom „Symbolcharakter der Eichendorffschen Landschaften"[72] sprechen. „Landschaft, so gesehen, ist nicht ornamental, sondern emblematisch; ihre Ikonografie offenbart immer aufs neue die existentielle Grundsituation des Menschen oder doch die existentielle Grundsituation der Erzählerfigur, die sich in dieser Landschaft bewegt."[73)]
Angesichts dieser Besonderheiten der Eichendorffschen Landschaftsbeschreibung nimmt es auch nicht wunder, wenn sich der Autor in der Novelle offensichtlich über geographische Gegebenheiten hinwegsetzt. Weder ist es möglich, von einem Bergrücken an der Grenze zwischen Italien und Osterreich aus, die ungefähr dreihundert Kilometer weit entfernte Donau und den Stephansturm zu erblicken, noch liegt Rom am Meer und ist von einer Heidelandschaft umgeben.[74] Es sei nochmals betont, dass von Eichendorff nicht die realistische Beschreibung einer Landschaft intendiert ist. Als Italienreisender befindet sich

70) Alewyn, Eine Landschaft Eichendorffs, S. 40
71) Ebd., S. 19–43
72) Seidlin, Eichendorffs symbolische Landschaft, S. 239
73) Ebd., S. 224
74) Vgl. Eichendorff, Taugenichts, S. 80f; 60

der Taugenichts in der Tradition der Bildungsromane seiner Zeit. Jedoch verhält er sich anders als zum Beispiel Goethe auf seiner „Italienischen Reise“. Was der Leser aus dem Munde des Taugenichts über Italien erfährt, sind zunächst einmal Banalitäten, die genauso gut diesseits der Alpen angesiedelt sein könnten: „. . . und wenn wir durch Städte fuhren, lehnt ich mich auf beide Arme zum Wagenfenster heraus und dankte den Leuten, die höflich vor mir den Hut abnahmen, oder ich grüßte die Mädchen an den Fenstern wie ein alter Bekannter, die sich dann immer sehr verwunderten und mir noch lange neugierig nachguckten.“[75) Ansonsten verschläft der Taugenichts dieses Musterland romantischer Vorstellungen über weite Strecken in der Kutsche. Hier wird offensichtlich dem romantischen Klischee entgegengesteuert und folglich wird Italien auch pejorativ als „Welschland“ bezeichnet. Das italienische Wirtshaus, in dem der Taugenichts absteigt, erweist sich als „lüderlich“ und die italienischen Mädchen gehen dort „mit zerzottelten Haaren herum und ha[ben] die offenen Halstücher unordentlich um das gelbe Fell hängen.“[76) Das italienische Schloss, auf dem der Bursche einige Tage verbringt, ist nur durch „wüstes Gebirge“ und „graue Schluchten“ zu erreichen und die Landschaft ist „ordentlich grauslig anzusehen.“[77) Italien verliert nicht nur jeden romantischen Reiz, sondern wird auch als Land des Dämonischen geschildert, wenn der Taugenichts die einsame Heide vor den Toren Roms durchschreitet.[78)

Diesem „falschen Italien“[79) steht allerdings in der Novelle ein anderes idealisiertes Italien gegenüber, das sich für den Taugenichts auf das Rom der christlichen Tradition verengt und das er träumt, wenn er „an Sonntagnachmittagen vor der Mühle im Grase lag und alles ringsum so stille war.“[80) In seiner Vorstellung bezieht er sich aber nicht auf das reale Rom, sondern Rom ist lediglich Symbol für eine selbstkonstruierte Idylle fern der zer-

75) Ebd., S. 45
76) Ebd., S. 41
77) Ebd., S. 45f
78) Vgl. Ebd., S. 60, zur Interpretation dieses Problems siehe auch: Seidlin: Taugenichts ante portas
79) Eichendorff, Taugenichts, S. 80
80) Ebd., S. 60

streuten und zerstreuenden Welt. Weniger transzendental sind die Vorstellungen, die der Portier über Italien entwickelt: „Wertgeschätzter Herr Einnehmer! Italien ist ein schönes Land, da sorgt der liebe Gott für alles, da kann man sich im Sonnenschein auf den Rücken legen, so wachsen einem die Rosinen ins Maul."[81] So bedeutet „Italien" das Paradies auf Erden, eine Chiffre für Glück, deren konkrete Interpretation aber individuell unterschiedlich ausfällt: „Everyone else in the story also seems to regard Italy as a kind of paradise where wishes come true and fantasies can be acted out. This explains why misfits in this society tend to gravitate toward Italy: they hope to find there what is lacking from their lives at home. Thus their image of Italy is determined *negatively* by what they perceive to be the failings of their society."[82] Das Paradies ist aber niemals zu erreichen, sondern bleibt auf ewig ein Desiderium und als der Taugenichts in Italien irrtümlich die Realisation seiner Utopie erwartet, wird er notwendigerweise *ent-täuscht.*
Ausgehend von der Kunstgeschichte der Malerei ermittelt Hans Poser ein weiteres Italienbild in der Novelle: „(E)s ist das Rom der nazarenischen Maler. Sowohl die Szene mit dem Maler als auch die Gartenszene vor den Toren der Stadt spiegeln ein Stück Künstlermilieu wider."[83]

4.6 Romantik und Philistertum

Im Jahre 1811 gründet Achim von Arnim in Berlin die „Christliche-Teutsche-Tischgesellschaft", der Adlige, Offiziere, Wissenschaftler, unter anderen A. Müller, Brentano, von Kleist, Fichte, Schleiermacher und Clausewitz angehören. Sie hat den Kampf gegen Napoleon auf ihre Fahnen geschrieben und steht in heftiger Opposition gegen die Stein-Hardenberg'schen Reformen. Ausdrücklich schließt ihre Satzung Philister von der Mitgliedschaft aus. Hier zeigt sich exemplarisch, an welchem Punkt die Romantiker mit ihrer Gesellschaftskritik einsetzen.

81) Ebd., S. 26
82) Nygaard, Eichendorff s Aus dem Leben eines Taugenichts, S. 221
83) Poser, Joseph von Eichendorff, S. 114

Der Begriff „Philister", das „Kern- und Schlagwort der Studentensprache"[84] kommt im Jena des 17. Jahrhunderts auf. Er bezeichnet die Stadtsoldaten, die ärgsten Feinde der ausgelassenen Studenten. 1693 soll in Jena ein Student von Bürgern erschlagen worden sein und es heißt, die Begräbnisrede sei über: Altes Testament, Richter 16,9 „Philister wider dich, Simson" gehalten worden. Im 18. Jahrhundert verbreitet sich das Wort über zahlreiche deutsche Universitäten. Die Studenten sehen sich als das auserwählte Volk an, und in Hazards Lebensbeschreibung heißt es, „dass es unter denen Herren Studenten so viele Burschen gibt, die einen Philister (so nennen sie uns Bürger) wie einen Floh achten".[85] Goethe erhebt den Begriff zum literarischen Topos und stellt das „Genie" gegen das „Philisterwesen". Die Romantiker erweitern den Begriffsinhalt. Novalis bezeichnet damit vor allem den Nichtkünstler und Banausen, der ausschließlich „im Zirkel von Gewohnheiten" sein beschränktes Alltagsleben führt und kein enthusiastisches Verhältnis zu einer höheren poetischen Welt besitzt. Der Philister ist der ängstliche Kleinbürger mit enger Lebensauffassung, dem der Hochsinn abgeht.[86] Für Novalis ist der Begriff vor allem ein moralisch-ästhetischer: „Philister leben nur ein Alltagsleben ... Poesie mischen sie nur zur Notduft unter ... Ihre parties de plaisir müssen konventionell, gewöhnlich, modisch sein, aber auch ihr Vergnügen verarbeiten sie, wie alles, mühsam und förmlich.... Der derbe Philister stellt sich die Freuden des Himmels unter dem Bild einer Kirmes, einer Hochzeit, einer Reise oder eines Balls vor; der sublimierte macht aus dem Himmel eine prächtige Kirche mit schöner Musik, vielem Gepränge, mit Stühlen für das gemeine Volk parterre, und Kapelle für die Vornehmen. Die schlechtesten unter ihnen sind die revolutionären Philister, wozu auch die Hefen der fortgehenden Köpfe, die habsüchtige Rasse gehört".[87] Von Ludwig Tieck stammt folgende

84) Schulz/Basler, Deutsches Fremdwörterbuch, S. 495
85) Ebd., S. 496
86) Dargestellt werden nur einige Aussagen führender Romantiker, die den Gebrauch des Begriffs „Philister veranschaulichen. Die Bedeutung wandelt sich im Verlauf des auf die Romantik folgenden Jahrhunderts ständig und wird differenziert, z. B.: „Bildungsphilister: Wortprägung Friedrich Nietzsches, der damit seinen Gegner David Friedrich Strauß und alle, die „in satter Selbstgenugsamkeit auf ihre Kultur und Bildung pochen und wähnen, selber Musensohn und Kulturmensch zu sein, treffen wollte.
87) Novalis, Dichtung und Prosa, S. 400

Definition: „Philisterei ist seit 1774 . . . noch mehr als Bezeichnung ruhiger, verständiger und brauchbarer Menschen beliebt worden, die eben kein heißes Herz, keinen Enthusiasmus haben oder die das Geheimnis in der menschlichen Natur, den Adel der Leidenschaften, die Naivität und Frischheit echter Simplizität nicht sehen und anerkennen wollen.“[88]

In seinem Roman „Franz Sternbalds Wanderungen“ stellt Tieck die Entwicklung eines jungen Künstlers dar, verbunden mit dem im 18. Jahrhundert beliebten Reisemotiv. Immer wieder reflektiert der Held über befremdliche Erscheinungen im Leben seiner Zeit und klagt, dass die Menschen sich ihr ganzes Leben nur um ein Stück Brot ängstigen. Er findet, dass das ganze große menschliche Leben mit allen seinen unendlich scheinenden Verwicklungen durch den allerarmseligsten Mechanismus umgetrieben wird; dass alle Menschen so abgetrieben sind, so von Mühseligkeiten, Neid, Eigennutz, Planen, Sorgen verfolgt, dass sie gar nicht das Herz haben, die Kunst und Poesie, den Himmel und die Natur als etwas Göttliches anzusehen. Mit bissiger Schärfe schildert Tieck das Verhältnis der Bourgeois zur Kunst. Der Fabrikbesitzer Zeuner macht dem Romanhelden den Vorschlag, die Kunst als etwas völlig Überflüssiges und Unnützes aufzugeben und Aufseher in seiner Fabrik zu werden. So seien ihm ein sicheres Auskommen und eine gute Heirat sicher. In seinen „Kritischen Schriften“ konstatiert Ludwig Tieck: „Seit Goethe ihn einführte, ist der Name Philister bei uns eingebürgert, und von allen Seiten hört man ihn von denen brauchen, die das Geniale, Freimütige, Edle gegen das Engherzige und Beschränkte in Schutz nehmen wollen. Aber nur zu oft sind diese Verteidiger der Genialität selbst die schlimmsten Philister.“[89]

1799 erscheint Friedrich Schlegels einziger Roman „Lucinde“. In dem Kapitel „Idylle über den Müßiggang“ wird in ironischer Brechung das produktive Prinzip verneint und der Müßiggang „als Lebensluft der Unschuld und der Begeisterung“ und „einziges Fragment von Gottesähnlichkeit, das uns noch aus dem Paradiese blieb“, gepriesen. Er verdammt den Fleiß und den Nutzen, „die Todesengel mit dem feurigen Schwert, welche dem Men-

88) Tieck zitiert nach: Schulz/Basler, Deutsches Fremdwörterbuch, S. 500
89) Ebd., S. 497

schen die Rückkehr ins Paradies verwehren" und gelangt zu der provozierenden Erkenntnis: „Unter allen Himmelsstrichen ist es das Recht des Müßiggangs, was Vornehme und Gemeine unterscheidet, und das eigentliche Prinzip des Adels."[90)]
In seiner Abhandlung „Der Philister vor, in und nach der Geschichte", die Clemens von Brentano vor der „Christlich-Teutschen Tischgesellschaft" vorträgt, ist der Philister nicht mehr der literarische Banause, sondern der Leblose, Tote, Erstarrte. Die bürgerlichen Aufklärungsbestrebungen, die Verehrung Voltaires und Wielands, die Hardenberg'sche Reformpolitik, das konzessionierte Bordellwesen und alles, was ihm sonst noch zu bekämpfen notwenig scheint wird mit diesem Verdikt belegt.
Joseph von Eichendorff wehrt sich zeitlebens erbittert, von der Welt der Philister verschlungen zu werden. Aufgewachsen in einer traumhaften Idylle, führt er als tüchtiger Beamter und musterhafter Familienvater ein Leben, das von drückenden Pflichten und bürokratischer Starrheit nicht frei ist. Seine Naturpoesie ist ein halbwacher Tagtraum von einem schöneren, besseren Leben, der Versuch, ein kontrastierendes ästhetisches Erlebnis zu der die Selbstverwirklichung des Menschen vereitelndene Wirklichkeit zu schaffen. „Das Leben der meisten ist eine immerwährende Geschäftsreise vom Buttermarkt zum Käsemarkt, das Leben der Poetischen dagegen ein freies, unendliches Reisen nach dem Himmelreich."[91)] Im „Taugenichts" betrachtet er die Philister noch mit „mitleidiger Toleranz oder gutmütigem Spott", wie R. Alewyn feststellt.[92)] Der Dichter setzt eine romantische Gegenwelt zum phantasielosen, geschäftigen Philistertum. Es herrschen nicht Mühsal und auf materiellen Nutzen gerichtetes Streben, auch nicht der saure Mief provinzieller Enge, sondern die poetisch verklärte Sehnsucht nach Schönheit und Ferne, nach dem verlorenen Paradies. Die Aversion gegen die verhasste Spießerwelt ist in das Gewand einer märchenhaften Fabel mit ironischen und heiterliebenswürdigen Zügen gekleidet. Nirgendwo wird der „sogenannte praktische Abgrund" sichtbar, wie es in Eichendorffs No-

90) Fr. Schlegel, Lucinde, S. 34f
91) HKA, Bd. III
92) Alewyn, Ein Wort über Eichendorff, S. 10

velle „Viel Lärm um nichts“ heißt, jener „praktische Abgrund, in dem nur noch die Maschinen klappern, der Herr Publikum regiert und ein ‚seltsames Chaos‘ sich öffnet, in dem man vor dem wachsenden Lärm, dem Hämmern und Klopfen kein Wort verstehen konnte“ und wo „die Musik der Welt völlig verstummt, die Bedeutung des Lebens völlig verlorengegangen, ja der Sinn alles Tuns“ sich genau in sein Gegenteil verkehrt hat.[93]

Der Taugenichts ist ständig von der Versuchung umstellt, in einem Leben der praktischen Nützlichkeit zu versinken. Kaum hat er, ohne besondere Wehmut zu empfinden, die väterliche Mühle verlassen, predigt ihm der Gärtner im Schloss, doch fein nüchtern und arbeitsam zu sein, nicht in der Welt herumzuvagieren, keine brotlosen Künste und unnützes Zeug zu treiben, so könne aus ihm noch etwas werden. Schließlich ist auch nur aus dem Blickpunkt eines Philisters der Name „Taugenichts“ verständlich, denn nach ethischen Maßstäben ist er nämlich der einzige, der etwas taugt.

Zur abstoßenden Alltagswelt, in der Hässlichkeit, Gemeinheit und Gewinnsucht triumphieren, zeichnet Eichendorff eine utopische Gegenwelt, in der Schönheit, Natürlichkeit und Liebe eine harmonische Verbindung eingegangen sind, die an Schillers Bestimmung der Idylle erinnert: „Der Begriff dieser Idylle ist der Begriff eines völlig aufgelösten Kampfes sowohl in dem einzelnen Menschen als in der Gesellschaft, einer freien Vereinigung der Neigungen mit dem Gesetze, einer zur höchsten sittlichen Würde hinaufgeläuterten Natur, kurz, er ist kein anderer als das Ideal der Schönheit, auf das wirkliche Leben angewendet. Ihr Charakter besteht also darin, dass aller Gegensatz der Wirklichkeit mit dem Ideale vollkommen aufgehoben sei und mit demselben auch aller Streit der Empfindungen aufhöre. Ruhe wäre also der herrschende Eindruck dieser Dichtungsart, aber Ruhe der Vollendung, nicht der Trägheit; eine Ruhe, die aus dem Gleichgewicht, nicht aus dem Stillstand der Kräfte, die aus der Fülle, nicht aus der Leerheit fließt und von dem Gefühl eines unendliche Vermögens begleitet wird .“[94]

Gerade die bewusste Aussparung der realen Welt im „Taugenichts“ mit ihren alltäglichen Tatsachen, ihren Pflichten und

93) Emrich, Dichtung und Gesellschaft, S. 61
94) Schiller, Über naive und sentimentalische Dichtung, S. 751

Mühen zugunsten einer höheren, reineren Welt projiziert das goldene Zeitalter in die aus romantischer Position kritisch gesehene Gegenwart. Unter dem Gewand einer heiter-liebenswürdigen Idylle mit märchenhaften Zügen, hinter dem kuriosen Treiben des naiven Helden und den seltsamen Verstrickungen einer harmlosen Fabel wird die Frage nach dem freien schöpferischen Wesen des Menschen und den Möglichkeiten und Bedingungen einer Verwirklichung unter bestimmten historisch-gesellschaftlichen Bedingungen gestellt. „Die Natur- und Wanderpoesie Eichendorffs hat vor allem den Sinn, den Menschen aus den Beengungen seiner erstarrten Gesellschaftsformen und Vorstellungen zu befreien, wie sein Taugenichts ein einziger, wenn auch ein sehr liebenswürdig wandernder Protest ist gegen die philiströsen Arbeitsversklavungen unserer Welt.“[95)]
Die symbolische Bedeutung des Wanderns als Unterscheidungskriterium zu dem Leben der Philister fasst Eichendorff in „Viel Lärm um nichts“ zusammen: „Ich aber bilde mir ein, aus jungen Philistern werden alte Philister, und wer dagegen einmal wahrhaft jung gewesen, der bliebt's zeitlebens. Denn das Leben ist ja doch nur ein wechselndes Morgenrot, die Ahnungen und Geheimnisse werden mit jedem Schritte nur größer und ernster, bis wir wirklich endlich von dem letzten Gipfel die Wälder und Täler hinter uns versinken und vor uns im hellen Sonnenscheine das andere Land sehen, das die Jugend meinte.“[96)]
Seine etwa ein Jahrzehnt später entstandenen Gedichte sind dagegen in ihrer kritischen und polemischen Substanz wesentlich schärfer. Im „Kriegslied“ (1833) stellt er die Philister als die Nachkommen der urweltlichen Greifen, Lindwürmer und Drachen dar, als die „Brut der Natter“. Sie sind die Feinde der Schönheit, die in Gestalt der „wunderschönen Braut“ erscheint. Sankt Georg und alle wackeren Streiter werden aufgerufen, zu ihrer Rettung „munter drein zu stechen“:

---

95) Emrich, Dichtung und Gesellschaft, S. 60
96) Eichendorff, Viel Lärm um nichts, S. 700

Kriegslied

Nicht mehr in Waldesschauern
An jäher Klüfte Rand,
Wo dunkle Fahnen trauern
siehst du die Brut mehr lauern
Auf wüster Felsenwand.

Die Greifen nicht mehr fliegen,
Lindwürm auf heißem Sand
Nicht mehr mit Löwen kriegen,
Auf ihren Bäuchen liegen
Die Drachen im platten Land.

Doch was das Leben schimmelt,
So weit man reisen kann,
Von Würmern es noch wimmelt,
Und was auf Erden himmelt,
Sie hauchens giftig an.

Noch halten sie in Schlingen
Die wunderschöne Braut,
Bei Nacht hört man ihr Singen
Die stille Luft durchdringen
Mit tiefem Klagelaut.

Das ist die Brut der Natter
Die immer neu entstand:
Philister und ihre Gevatter,
Die machen groß Geschnatter
Im deutschen Vaterland.

Sankt Georg, du blanker Streiter,
Leg deine Lanze ein,
Und wo ein wackrer Reiter,
Dem noch das Herz wird weiter,
Der steche frisch mit drein![97]

97) Ders., Werke in einem Band, S. 93f

Den Krieg gegen die Philister setzt Eichendorff mit dem Sonett „Der Wegelagerer“ fort. Die erste Strophe gilt dem „Land, wo die Philister wohnen“, der Welt des krämerhaften Schacherns, die die Schönheit verdirbt. Sie endet mir dem verzweifelten Ausruf „Herr Gott, wie lang willst du die Brut verschonen!“ Die zweite Strophe ist ein Hymnus auf die Welt der Schönheit, charakteristisch für Eichendorff, im Bild des Waldes, wo er zu wohnen sich sehnt:

Der Wegelagerer

Es ist ein Land, wo die Philister thronen,
Die Krämer fahren und das Grün verstauben,
Die Liebe selber altklug feilscht mit Hauben –
Herr Gott, wie lang willst du die Brut verschonen!

Es ist ein Wald, der rauscht mit grünen Kronen,
Wo frei die Adler horsten, und die Tauben
Unschuldig girren in den kühlen Lauben,
Die noch kein Fuß betrat – dort will ich wohnen!

Dort will ich nächtlich auf die Krämer lauern
Und kühn zerhaun der armen Schönheit Bande,
Die sie als niedre Magd zu Markte führen.

Hoch soll sie stehn auf grünen Felsenmauern,
Dass mahnend über die stillen Lande
Die Lüfte nachts ihr Zauberlied verführen.[98)]

Eichendorff möchte am liebsten selbst auf die Krämer einschlagen und die Schönheit von den Fesseln befreien, die ihr die Philister angelegt haben. Seine Abhandlung „Der Adel und die Revolution“ endet im Ruf nach einer Elite zur Abwehr der Barbarei. Seinem konservativen Weltbild gemäß weist er diese Aufgabe dem Adel zu, nicht ohne zu monieren, dass der Adel seiner Zeit dazu nicht in der Lage sei. „In jedem Stadium der Zivilisation wird es, gleichviel unter welchen Namen und Formen, immer wieder Aristokraten geben, das heißt, eine bevorzugte Klasse, die sich über die Massen erhebt, um sie zu lenken. Denn der Adel . . . ist seiner unvergänglichen Natur

98) Ebd., S. 98f

nach das ideale Element der Gesellschaft; er hat die Aufgabe, alles Große, Edle und Schöne, wie und wo es auch im Volke auftauchen mag, ritterlich zu wahren, das ewig umwandelbare Neue mit dem ewig Bestehenden zu vermitteln und somit erst wirklich lebensfähig zu machen. Mit romantischen Illusionen oder dem bloßen eigensinnigen Festhalten des Längstverjährten ist also hierbei gar nichts getan. Dahin aber scheint der heutige exklusive Aristokratismus allerdings zu zielen."[99]

4.7 Formale Aspekte

4.7.1 Gattungsspezifische Einordnung

Eichendorff bezeichnet „Aus dem Leben eines Taugenichts" bereits in der Erstausgabe von 1826 selbst als „Novelle", eine Gattungszuordnung, die die Literaturwissenschaft verschiedendlich ungeprüft übernimmt.
Goethe nennt in dem berühmten Gespräch mit Eckermann vom 25. Januar 1827 als konstitutives Merkmal dieses Genres „eine sich ereignete unerhörte Begebenheit".[100] Der Romantiker Tieck sieht 1829 weniger in der „unerhörten Begebenheit", als vielmehr in der Zuspitzung auf einen Konflikt, auf einen Wendepunkt des Geschehens, „von welchem aus sie [die Geschichte, d. Verf.2 sich unerwartet völlig umkehrt", das Wesentliche einer Novelle[101] Schließlich ist es der Definitionsvorschlag Paul Heyses, auf den häufig rekurriert wird, wenn es darum geht, die Gattung zu kennzeichnen. In Anlehnung an Boccaccios Falkennovelle fordert Heyse, jede Novelle müsse einen „Falken", ein Dingsymbol, besitzen, etwas „Spezifische(s), das diese Geschichte von tausend anderen unterscheidet."[102] Diese Bestimmungsversuche zeigen die Problematik einer all-

99) Ders., Erlebtes. 1. Der Adel und die Revolution, S. 1103
100) Goethe, Gespräch mit Eckermann am 25. Januar 1827. In: Krämer, Theorie der Novelle, S. 29
101) Tieck, Vorbericht zur dritten Lieferung der „Schriften",1829. In: Krämer, Theorie der Novelle, S. 25
102) Heyse, Einleitung zu „Deutscher Novellenschatz". In: Krämer, Theorie der Novelle, S. 41

gemein verbindlichen Definition, die die Literaturwissenschaft bis heute noch nicht geliefert hat.

Am ehesten scheint Goethes Novellendefinition auf den „Taugenichts“ zu passen, denn das Berichtete ist in der Tat so noch niemals zuvor gehört worden. Der Tieckschen Anforderung scheint der Text nicht entsprechen zu können, denn Rom ist zwar der geographische Wendepunkt der Reise, aber die Geschichte des Taugenichts kehrt sich dort nicht völlig unerwartet um. Offensichtlich fehlt auch ein Dingsymbol im Sinne Heyses, es sei denn, man wollte die Geige als solches bezeichnen, obwohl ihr für den Handlungsverlauf nur eine untergeordnete Bedeutung zukommt. Dieser Befund rückt den „Taugenichts“ in die Nähe der Gattung „Erzählung“, die in der Konzeption lockerer und weniger auf die Lösung eines Konflikts konzentriert ist und in der Naturbilder, Milieuschilderungen, Kommentare oder Reflexionen größere Selbständigkeit erlangen können.

Obwohl Leonhard am Ende behauptet, der Taugenichts habe in einem Roman mitgespielt, ist die Zuordnung des Textes zu dieser Gattung nicht aufrechtzuerhalten. In einem Roman werden eine Fülle von Ereignissen, Handlungslinien und Figuren in ihrer Entwicklung über einen längeren Zeitraum vorgestellt; die Figur des Taugenichts ist aber zu unproblematisch und zu wenig entwicklungsfähig und die dargestellte Welt zu kulissenhaft, als dass der Text den Gattungsanforderungen genügen könnte.

Abschließend sei noch ein weiterer Zuordnungsvorschlag vorgestellt. Benno von Wiese macht sich zum Problem der gattungsmäßigen Einordnung des „Taugenichts“ folgende Gedanken: „Offensichtlich liegt der Reiz der Erzählung auch gar nicht in der Begebenheit selbst, darin entfernt sie sich durchaus von der Gattung ‚Novelle‘ . . . Die Erzählung beglückt uns durch ihre Atmosphäre, durch ihre schwebende Leichtigkeit, durch die Würze ihrer zarten Ironie und ihres liebenvollen Humors.... Gewiss, es geschieht alles auf natürliche Weise, es gibt keine Feen, Zauberer und Kobolde, es ist wie ein dauerndes Feriendasein, aber die Erzählung lebt von der Märchensaelde. Inmitten einer schon biedermeierlich gewordenen Alltagswelt wird hier das Märchen von dem reinen Toren noch einmal erzählt".103) Am Ende seiner Abhandlung beschreibt von Wiese den „Taugenichts" als Mischform aus novellistischen, erzählungs- und märchenhaften Elementen: „Der Taugenichts ist eine novellistische Erzählung in der Gestalt eines Glücksmärchens, oder, wenn man will, ein Glücksmärchen in der Gestalt einer novellistischen Erzählung. Das konnte in dieser reinen und ungetrübten Form in der deutschen Dichtung nur ein einziges Mal gelingen, und es hat auch keine eigentliche Fortsetzung gefunden ... Vielleicht konnte Eichendorff diese wechselseitige Vertauschung von Novelle und Märchen nur darum erreichen, weil er erstaunlicherweise an keiner einzigen Stelle die natürliche Kausalität durch Wunderkausalität durchbricht und weil in dieser realen, novellistischen Begebenheit doch alles so hold und selbstverständlich zugeht wie im wirklichen Märchen. Eichendorff durfte es sich leisten, auf alle Requisiten des Wunderbaren und Magischen zu verzichten, die bei Brentano eine so große Rolle spielen und ohne die selbst das epische Erzählen Kleists im ‚Michael Kohlhaas' nicht auskommen konnte. Denn der begnadete und verwunschene Zauber ist hier in allem Geschehen, in Raum und Zeit schon anwesend; das Poetische ist mit dem Wirklichen identisch oder kann zum mindesten immer wieder im Humor mit ihm ausgesöhnt werden. Nirgendwo stört das Bewusstsein einer sozial bedrängenden und mit ihrem Zwang determinierenden Welt die Freiheit dieses künstlerischen Spiels, das uns ohne jede Gewalt, wie von selbst, dazu bringt, die Wirklichkeit märchenhaft, das heißt hier mit den Künstleraugen des Taugenichts, zu sehen und zu erleben".[104] Dieser Vorschlag ignoriert jedoch einen gravierenden Unterschied: Durch die Schlussformulierung des Taugenichts: „und es war alles, alles gut!" wird die Handlung als vergangen und abgeschlossen vorgestellt. Der Märchenschluss: „und wenn sie nicht gestorben sind, so leben sie noch heute." suggeriert aber gerade die Anbindung des Erzählten an die Gegenwart.

103) Wiese, Deutsche Novellen, S. 81 f
104) Ebd., S. 96

4.7.2 Struktur der Novelle

Eine kurze Übersicht zeigt, dass sich Handlungsverlauf und Kapiteleinteilung entsprechen.[105]

1. Kapitel: Aufbruch, Begegnung mit der „schönen gnädigen Frau“, Aufnahme im Schloss als Gärtner
2. Kapitel: Einnehmerdasein
3. Kapitel: Aufbruch nach Italien, Begegnung mit Leonhard und Guido (Flora)
4. Kapitel: Gemeinsame Fahrt durch die Lombardei, Trennung von den Reisegefährten
5. Kapitel: Fahrt zum italienischen Schloss
6. Kapitel: Aufenthalt und Flucht aus dem Schloss
7. Kapitel: Ankunft in Rom und Begegnung mit dem Maler
8. Kapitel: Gartenszene vor den Toren Roms, Aufbruch aus Rom
9. Kapitel: Zusammentreffen mit den Studenten, Fahrt auf der Donau nach Wien
10. Kapitel: Wiedersehen mit der „schönen gnädigen Frau“, Auflösung der Konfusion

Unabhängig von dieser simplen Aufstellung der einzelnen Kapitel lässt sich eine überordnende Dreigliederung des Textes erstellen, die sich im wesentlichen an den drei Stationen: Schloss bei Wien – Italienreise – Rückkehr nach Wien festmachen lässt.

1.–2. Kapitel: Der Müllerssohn zieht in die Welt und gerät durch Zufall auf ein Schloss, wo er sich in die „schöne gnädige Frau“ verliebt. Angesichts der Hoffnungslosigkeit seiner Liebe zieht er enttäuscht weiter in die Fremde und . . .

3.–8. Kapitel: . . . begibt sich auf den Weg nach Italien, wobei er in abenteuerliche Situationen gerät. Aufenthalt auf einem italienischen Bergschloss, wo man ihn für ein verkleidetes Fräu-

105) Für dies und das Folgende: Vgl. Poser, Joseph von Eichendorff, S. 116

lein hält. Er flieht, weil er einen Anschlag auf sein Leben befürchtet und gerät nach Rom. Hier findet er sich in einer Gesellschaft deutscher Maler wieder und sucht die Spuren der „schönen Frau". Er schöpft neue Hoffnung und. . .

9.–10. Kapitel: . . . wandert wieder nach Österreich. Mit einer Schar Prager Studenten kehrt er ins Schloss zurück, wo sich alle Konfusion aufklärt und die „schöne gnädige Frau" seine Braut wird.

Eine dritte Strukturierungsmöglichkeit bietet sich an, wenn man das Kompositionsprinzip der klassischen fünfaktigen Komödie zugrunde legt.[106)]
Klare, übersichtliche Handlungslinien sind nur am Anfang und am Ende der Novelle erkennbar. Über lange Strecken, den gesamten Mittelteil des Novellengeschehens, wird der Leser durch die Konfusionen des Ich-Erzählers, eine nicht abreißende Kette von Verwechslungen der Personen, Verhältnisse und Vorgänge, in die Irre geführt. „Zwar ist die Erzählung in Kapitel gegliedert, aber niemand wird sich beim ersten Lesen auf diesen künstlich verschlungenen Pfaden des Geschehens auskennen, in diesem verwickelten Durcheinander von Liebenden, die sich verkleiden und verwechseln, in dieser ‚Konfusion mit den Herzen', die trotzdem wunderbarerweise zum guten Ende geführt wird."[107)]
Neben der Kapiteleinteilung sind es vor allem die Gedicht- beziehungsweise Liedeinlagen, die den Text strukturieren, denn im Gedächtnis des Lesers bleiben diese stärker haften als die Kapiteleinteilungen.

106) Siehe Seite 73
107) Wiese, Deutsche Novellen, S. 81

TEXT	GEDICHTANFANG	FUNDSTELLE
1. Kap.	„Wem Gott will rechte Gunst erweisen“	Eichendorff: Wanderlieder, „Der frohe Wandersmann“, 1.–4. Str.
	„Wohin ich geh und schaue“	Eichendorff: Frühling und Liebe, „Der Gärtner“, 1. Str.
	„Wohin ich geh und schaue“	Eichendorff: Frühling und Liebe, „Der Gärtner“, 1.–4. Str.
2. Kap.	„Den lieben Gott lass ich nur walten“	Eichendorff: Wanderlieder, „Der frohe Wandersmann“, 4. Str.
3. Kap.	„Fliegt der erste Morgenstrahl“	Eichendorff: Wanderlieder, „Der Morgen“
4. Kap.	„Schweigt der Menschen laute Lust“	Eichendorff: Wanderlieder, „Der Abend“
	„Wenn der Hoppevogel schreit“	
6. Kap.	„Wer in die Fremde will wandern	Eichendorff: Wanderlieder, „Heimweh“
7. Kap.	„Wenn ich ein Vöglein wär“	Arnim/Brentano: Des Knaben Wunderhorn; nur 1. Vers
9. Kap.	„Die treuen Berg stehn auf der Wacht“	Eichendorff: Wanderlieder, „An der Grenze“
	„Nach Süden nun sich lenken“	Eichendorff: Wanderlieder, „Wanderlied der Prager Studenten“
1ü. Kap.	„Schweigt der Menschen laute Lust“	Eichendorff: Wanderlieder, „Der Abend“
	„Wir bringen dir den Jungfernkranz“	Carl Maria von Weber: Der Freischütz, 3. Aufzug, 4. Auftritt: Chor der Brautjungfern
	„Darum bin ich dir gewogen“	

Diese Verseinlagen besitzen eine doppelte Funktion: Zum einen wird durch das Lied eine bestimmte Stimmungslage poetisch verstärkt, zum anderen charakterisiert das Lied den Sänger auf

eine derart unmittelbare Weise, wie dies einem Erzähler nicht möglich ist.
Über die in den „Taugenichts" eingestreuten Lieder schreibt Thomas Mann: „Ja, die Weisen, die da erklingen, die überall eingestreut sind, als sei es nicht weiter viel damit – es sind nicht solche, die man nur eben in Kauf nimmt, es sind Perlen der deutschen Lyrik, hochberühmt, unserm Ohr und Herzen lieb und vertraut; hier aber stehen sie an ihrem eigenen Platze, noch ganz ohne Ruhmespatina, noch nicht eingegangen in den Liederschatz der Jugend und des Volkes, frisch, erstmalig und nagelneu: Dinge wie ‚Wohin ich geh und schaue' oder jenes ‚Wer in die Fremde will wandern' . . . – und dann die Zauberstrophe, . . . die nun freilich nicht mehr volkstümlich ist, sondern Nonplusultra, eine betörende Essenz der Romantik – ‚Schweigt der Menschen laute Lust'."[108)]

4.7.3 Mittel der sprachlichen Gestaltung

Bereits in der Eingangspassage der Novelle finden sich typische stilistische Merkmale. „Das Rad an meines Vaters Mühle brauste und rauschte schon wieder recht lustig, der Schnee tröpfelte emsig vom Dache, die Sperlinge zwitscherten und tummelten sich dazwischen; ich saß auf der Türschwelle und wischte mir den Schlaf aus den Augen; mir war so recht wohl in dem Sonnenschein."[109)] In dieser Satzperiode reihen sich einfache, knappe Hauptsätze in ungebundener (asyndetischer) Reihung aneinander. Jeder hat seine eigene Bedeutung, und es tritt eine fast dramatische Spannung ein, die auf das folgende Ergebnis hinzielt: „Da trat der Vater aus dem Haus . . .". Auch andere wesentliche Merkmale der Eichendorff'schen Sprache werden deutlich: die Anschaulichkeit und Bildhaftigkeit der Beschreibung, der Leser sieht den verschlafenen Müllerburschen vor sich; weiterhin Eichendorffs inniges Verhältnis zur Natur sowie die poetische Kraft, mit der die Stimmung eines Frühlingsmorgens reproduziert wird. Trotz aller Kunstfertigkeit, mit der Eichendorffs Stimmungs-

108) Mann, Betrachtungen eines Unpolitischen, S. 377
109) Für dies und das Folgende: Eichendorff, Taugenichts, S. 3

bilder gezeichnet sind, ist die Unschärfe der Beschreibung von Personen, Situationen und Gegenständen zu konstatieren, eine Unbestimmtheit, die allen Vorgängen und Erlebnissen die fließende Schwerelosigkeit und Leichtigkeit leiht[110], sowie die ewige Wiederholung gleicher Motive, aus denen Eichendorffs Werk komponiert zu sein scheint.

Eichendorff gelingen Vergleiche von eindrucksvoller Dichte des bildhaften Ausdrucks bei großer Einheitlichkeit ihrer metaphorischen Herkunft und Technik. Die Comparata sind vor allem der Pflanzen- und Tierwelt entnommen: „die schöne gnädige Frau.. .wie eine Lilie in der Nacht"; „sah der Amtmann hinter einem ungeheuren Tintenfass und Stößen von Papier und Büchern und einer ansehnlichen Perücke, wie die Eule aus dem Nest"; „Und ich saß auf dem Baume droben, wie die Nachteule in den Ruinen meines Glücks"; „ich wickelte mich, gleich einem Igel, in die Stacheln meiner eigenen Gedanken zusammen,"; „lag die heilige Stadt. . .wie ein eingeschlafener Löwe auf der Erde."

Eichendorffs Liebe zum humorvollen Vergleich zeigt sich auch in den Bildern, wo Bäume und Sträucher eine gespensterhafte Gestalt annehmen, Personen mit allerhand Gegenständen verglichen werden und trockene Zahlen sich in seltsame Figuren verwandeln: „Die Bäume und Sträucher wiesen kurios, wie mit langen Nasen und Fingern, hinter ihr drein, der Mondschein tanzte noch fix, wie über eine Klaviatur auf und nieder"; „denn ich schämte mich auch, länger wie eine zerbrochene Gabel da über dem Baum zu hängen"; „Da steht ein großer Herr in Staatskleidern, ein breites Bandelier von Gold und Seide...,und einer außerordentlich langen gebogenen kurfürstlichen Nase im Gesicht, breit und prächtig wie ein aufgeblasener Puter"; „Sie war wahrhaftig schön rot und dick und gar prächtig und hoffärtig anzusehen, wie eine Tulipane"; „Denn die Acht kam mir immer vor wie meine dicke enggeschnürte Dame mit dem breiten Kopfputz, die böse Sieben gar wie ein ewig rückwärts zeigender Wegweiser oder Galgen. . ."

Das Symbol ist ein fassbares, bildkräftiges Zeichen, das verdeutlichend und veranschaulichend über sich selbst hinaus-

110) Vgl. Kindlers-Literaturlexikon I, S. 1125

weist auf einen höheren, abstrakten Bereich. In ihm verdichtet sich die Aussage eines literarischen Werkes oder der Charakter einer handelnden Person:

Die G e i g e weist auf das ungebundene Wanderdasein und Freiheit von sozialen Verpflichtungen.

Mit der L i l i e werden Schönheit, Reinheit und Jungfräulichkeit angedeutet.

Der Schlafrock und die Pantoffeln symbolisieren das Philistertum.

Das T i n t e n f a s s und die P e r ü c k e zeigen die Lebensferne und Überkommenheit der feudalen Bürokratie.

Das S c h l o s s und der umgebende G a r t e n sind Wahrzeichen der Geborgenheit und Glückseligkeit.

Die Lerche ist die Inkarnation der Heiterkeit und Sehnsucht nach Weite und Ferne.

4.7.4 Erzählhaltung

Bereits im ersten Satz „Das Rad an meines Vaters Mühle ..." gibt sich der Text als Ich-Erzählung zu erkennen. Diese Erzählperspektive wird zwar im wesentlichen durchgehalten, dennoch gibt es Hinweise auf die Interferenz eines Autors, der sich des Mediums Taugenichts bedient. Deutlich wird dies, wenn der Taugenichts Sätze in italienischer Sprache exakt memoriert, obwohl er doch nach eigener Aussage des Italienischen nicht mächtig ist. Ferner ist es das Stilmittel der Ironie, durch das sich der Autor zu erkennen gibt, so vor allem in Passagen, in denen die Naivität des Protagonisten deutlich gemacht werden soll. Jedoch ist die Ironie des Autors niemals absolut gesetzt, sondern der Taugenichts bleibt trotz zeitweiliger ironischer Distanzierung des Autors der Erzähler der Geschichte, der ernst zu nehmen ist. Somit liegt eine besondere Erzählsituation vor, die sich nicht mit der in der Literaturwissenschaft gängigen Typologisierung der Erzählsituation umfassend charakterisieren lässt.[111)]

111) Zur Typologie vgl.: Stanzel, Typische Formen des Romans

5 Anregungen und Vorschläge für eine Unterrichtseinheit*

5.1 Didaktisch-methodische Überlegungen

Auf der Folie einer von Erosion der Tradition und Technokratisierung aller Lebensbereiche gekennzeichneten Umwelt erlebt die lange Jahre als konservativ-reaktionär apostrophierte Romantik nicht nur in der Germanistik und Kunstgeschichte, sondern auch in anderen Lebensbereichen wie Mode, Interieur und Musik eine erneute Zuwendung. Es sind die Momente der reflektierenden Subjektivität und die alternativen Formen des Denkens, Fühlens und Erkennens, die gemeinhin mit dem Terminus Romantik assoziiert werden und häufig in eine krude Gegenüberstellung von Romantik und Aufklärung münden. Zwar ist die prinzipielle Kritik an der Moderne der Romantik ebenso immanent wie die entsprechende Konsequenz einer programmatischen Entmodernisierung, aber die Errungenschaften der Aufklärung werden nicht geleugnet, sondern sollen weiterentwickelt werden. Damit ist die Romantik ihrem Anspruch nach weder nostalgisch noch reaktionär, vielmehr wohnt ihr ein progressives Moment inne, das sie auch in der Gegenwart untersuchungswürdig erscheinen lässt.
In den politisierenden Endsechzigern als Dichter des Waldes und Wanderns, der Jugend und Heimat zeitweilig ins bildungspolitische Abseits geraten, ist wohl kein anderer deutscher Dichter von Rang mit einem so wesentlichen Teil seines Werkes so weit in die Breite und Tiefe des Publikums gedrungen wie Joseph Freiherr von Eichendorff. Allen Missbräuchen und Anfeindungen zum Trotz[112)] prägt er vor allem durch seine verschiedentlich zu Volksliedern gewordenen Naturgedichte seit rund 150 Jahren das populäre Romantikbild.

* von Martin Thunich

112) Vgl. Lämmert, Eichendorffs Wandel unter den Deutschen

Mit „Aus dem Leben eines Taugenichts" wird eine Novelle Unterrichtsgegenstand, die bereits zu Lebzeiten des Dichters mehrere Auflagen erfahren hat und sofort nach ihrem Erscheinen sowohl bei den literarisch gebildeten Leserschichten als auch bei den „einfachen" Lesern Widerhall fand. Auch in der außerdeutschen Literaturgeschichtsschreibung gilt die Novelle als „pearl of Romantic fiction"[113], und Hermann August Korff sieht in ihr, „eine so ‚romantische' Novelle, dass es üblich geworden ist, aus ihr geradezu das Wesen der Romantik abzuleiten."[114] So ist der „Taugenichts" lange Zeit als die romantische Novelle par excellence angesehen worden, unbeschadet der Tatsache, dass der Romantikbegriff unscharf und verschwommen und der Taugenichts keineswegs so eindeutig auf einen Wesenszug festzulegen ist. Heute hat die Novelle trotz Umgestaltung der Lehrpläne mit dem Ziel, die Schüler zu kritischen Lesern zu erziehen, und Reduzierung der für den Literaturunterricht vorgesehenen Stundenzahl ihren Platz beibehalten, wie die Lektüreempfehlungen der amtlichen Richtlinien oder Kursstrukturpläne zeigen.[115]
Trotz derartiger ministerieller Wertschätzung und diagnostizierter Romantik-Hausse ist bei einer Behandlung des Textes im Unterricht damit zu rechnen, dass die Schüler vorschnell das Urteil fällen, der „Taugenichts" tauge nichts, besitzt doch das scheinbar Banale, Märchenhafte und Vergangene der Handlung vermeintlich keinerlei Relevanz für ihre eigene Situation. Ohne die psychische Situation des Autors und ohne die geistige Situation der Menschen um 1820 ist der „Taugenichts" zwar undenkbar, aber die Novelle wäre ein bloß triviales Museumsstück, besäße Eichendorff nicht die Fähigkeit, sich artistisch davon zu lösen. Gegen herrschenden Rationalismus, systematisches Denken und Sorge um materielle Sicherheit wird hier eine Weltsicht gesetzt, deren konstitutive Momente Subjektivität, Naivität, Märchenhaftes und Phantastisches sind. Die Konzeption derartiger Gegenentwürfe zur real existierenden prosaischen Welt ist offensichtlich eine literarische Konstante,

113) Robertson, A History of German Literature, S. 398
114) Korff, Geist der Goethezeit, Bd. IV, S. 3 i4
115) Vgl. Lehrplanrevision in Baden Württemberg, S. 80; Rahmenrichtlinien für das Gymnasium Deutsch. Hrsg. v. Niedersächsischen Kultusminister, S. 41; Kursstruktur-Pläne, Aufgabenfeld I, 1. Deutsch. Hrsg. v. Hessischen Kultusminister, S. 40

die nicht nur dem Denk- und Erfahrungshorizont der Leserschaft vor einhundertfünfzig Jahren vertraut gewesen ist. Es bedarf nur weniger Hinweise etwa auf das Waldsterben und das Umkippen von Flüssen und Seen, um einleuchtend zu machen, dass auch heute dem herrschenden Rationalitätstypus andere Weisen der Weltauffassung entgegenzusetzen sind.

Gelesen als Gegenentwurf zur prosaischen Welt zeigt die Novelle den Schülern der Adoleszenz am Beispiel des Müllerssohn aus dem ersten Drittel des vorigen Jahrhunderts, der nichts weiter prästiert, als ein Mensch zu sein, eine Weltsicht, die sich von ihrer weitgehend durch Sachzwänge bestimmten Lebenswirklichkeit unterscheidet. Eingedenk der Tatsache, dass man die Zeit nicht zurückdrehen kann, werden sie veranlasst, als selbstverständlich gesetzte Normen zu überprüfen. Damit kommt der „Taugenichts" auf literarischem Gebiet der von der Entwicklungspsychologie konstatierten Grundtendenz des Adoleszenten entgegen, sich reflektorisch mit der soziokulturellen Umwelt aus bestehenden gesellschaftlichen Normen, Wertvorstellungen und Institutionen auseinanderzusetzen.[116)]

Auch unter einem zweiten Aspekt korrespondiert die Novelle dem psychischen Grundmodell eines heranwachsenden Jugendlichen. Zwar liefert der Müllersbursche keine ausgedehnte Reflexion zur Identitätsproblematik, aber folgende Gedanken dürften auch in diesem Punkt bei den Adoleszenten das erzeugen, was man gemeinhin als „Betroffenheit" bezeichnet, nämlich das Gefühl: „Das geht mich an.": „Mir ist's nirgends recht. Es ist, als hätte die ganze Welt gar nicht auf mich gerechnet."[117)] Es ist mehr als das individuelle Leseerlebnis einer modernen Autorin, wenn Karin Struck erinnert: „Ich erschien mir selber in der Erzählung: ich fühlte mich wie der Taugenichts: verlassen, unnütz, heimwehkrank."[118)] Der Adoleszent erleidet täglich Rollenunsicherheit und Statusungewissheit und erlebt, dass Eltern und andere Erziehungsinstanzen denjenigen schnell pejorativ als „Taugenichts" stigmatisieren, der die ihm zugedachte Rolle nicht adaptiert.

---

116) Vgl. Nickel, Entwicklungspsychologie, Bd. 11, S. 316ff
117) Eichendorff, Taugenichts, S. 21
118) Unseld (Hrsg.), Erste Lese-Erlebnisse, S. 134 (Karin Struck)

Somit berührt der Text auf zweifache Weise den Problemhorizont der jugendlichen Leser und bietet Gewähr, dass sich Schüler der Sekundarstufe II kritisch, aber konstruktiv und produktiv mit dieser nur auf den ersten Blick banal und wirklichkeitsfern erscheinenden Novelle auseinandersetzen werden. Die Schüler lernen einen Entwurf der Lebensorientierung und eine Möglichkeit der Daseinsbewältigung kennen, die einen Beitrag leisten können, die Mitmenschen zu verstehen und ihr eigenes Leben zu gestalten.

Die Konzeption der Unterrichtsreihe, die sich inhaltlich auf Überlegungen zur Aneignung des Textes beschränkt, orientiert sich am Prinzip der Werkimmanenz, da auf diese Weise gewährleistet ist, dass alle Schüler die gleichen Informationsvoraussetzungen und somit gleiche Zugangsmöglichkeiten zum Text besitzen. Ferner stellt es eine Überforderung der Kursteilnehmer dar, wollte man von ihnen die häusliche Erarbeitung einer werkimmanenten Interpretation verlangen und sie im Unterricht mit weiteren Interpretationsansätzen konfrontieren. Bei der höchst komplexen und in sich divergierenden Gesamtstruktur des Textes bedeutet ein detailliert werkimmanentes Vorgehen auch für einen Leistungskurs eine angemessene Anforderung und trägt zur ästhetischen Kompetenzbildung der Schüler bei. Im Hinblick auf Erfordernisse und Gegebenheiten des Schulalltags und die Intensität und Ausdauer des Schülerinteresses erscheint eine Ausdehnung der Unterrichtseinheit auf mehr als zehn Stunden nicht sinnvoll.

Bei der Behandlung der Novelle im Unterricht stehen die Sachverhalte im Vordergrund, die den Text als einen Gegenentwurf zu den vorherrschenden Zeittendenzen des ersten Drittels des 19. Jahrhunderts kennzeichnen. Die Relativierung der Normen und Vorstellungen des Rationalitätstypus wird den Schülern am Beispiel der Figur des Taugenichts vermittelt. Eine leise Persiflage der in der Romantik gängigen Vorstellungen liegt zum einen in der Italiendarstellung, zum anderen in der Begegnung zwischen dem Taugenichts und Herrn Eckbrecht in Rom vor. Die Untersuchung des in der Novelle idealisierten Frauentypus erscheint unter literarhistorischen Erwägungen sinnvoll, denn das Motiv des Mannes, der zwischen einer dem transzendentalen und einer dem sinnlichen Bereich zugehörigen Frau steht, besitzt eine lange Tradition. Daneben ist es die sprachliche Kompetenz des Autors, über die Adorno urteilt: „Eichendorffs Dichtung lässt sich vertrauend treiben vom Strom der Sprache und ohne Angst, in ihm zu versinken“[119], die als weiterer didaktischer Schwerpunkt gesetzt wird. Besonders in der heutigen Zeit, in der immer häufiger ein Rückgang der Schreib- und Lesekultur auch unter Oberstufenschülern beklagt wird, soll durch die Analyse einer Landschaftsbeschreibung Eichendorffs die sprachliche Kompetenz der Schüler gefördert werden.

Vernachlässigt werden im Rahmen der vorgeschlagenen Unterrichtseinheit der Ansatz, den „Taugenichts“ als historisches Dokument[120] zu interpretieren, ferner der rezeptionsästhetische[121] und der psychologische[122] Ansatz. Ebenfalls soll die Erarbeitung einer Formdefinition „Novelle“ nicht Gegenstand des Unterrichts sein, zumal die Literaturdidaktik keine literaturwissenschaftlich abgesicherte Gattungsdefinition anzubieten vermag.[123]

Für eine Kombination des „Taugenichts“ mit anderen Werken bieten sich folgende Möglichkeiten an: Im gleichen Jahr wie Eichendorffs Novelle erscheint ebenfalls die Beschreibung einer Wanderschaft, allerdings nicht aus der Perspektive eines jungen Müllersburschen, sondern aus der eines jungen Intellektuellen: Heinrich Heines „Harzreise“. Sinnvoll ist ferner ein Vergleich mit Goethes „Die Leiden des jungen Werther“ und Thomas Manns „Tonio Kröger“[124] Bei allen zu konstatierenden Unterschieden handelt es sich jedoch jeweils um einen Gegenentwurf eines jungen Menschen zur ihn umgebenden prosaischen Welt; daneben sind in Teilbereichen weitere Überschneidungen aufzuzeigen, so z. B. die Darstellung des Verhältnisses zur Natur in Goethes „Werther“ und Eichendorffs

---

119) Adorno, Zum Gedächtnis Eichendorffs, S. 119f

120) Vgl. dazu: Haar, Joseph von Eichendorff

121) Vgl. dazu: Hotz, Joseph von Eichendorff

122) Vgl. dazu: Paulsen: Eichendorff und sein Taugel1ichts

123) Teilweise wird die Gattung Novelle zusammen mit dem Roman als Großepik, teilweise als eine Form der Kurzepik behandelt. Spezielle Schwierigkeiten bereitet darüber hinaus die Feinabgrenzung zwischen Novelle und Erzählung, so dass häufig die Bezeichnung „deutsche Erzählung als Ausweg gewählt wird.

124) Dazu: Thunich, Tonio Kröger; Gehrke/Thunich, Thomas Manns Künstlernovellen

„Taugenichts“ oder die Künstlerproblematik in Thomas Manns „Tonio Kröger“ und Eichendorffs Text.

Die Schüler sollen in der Regel die Problemlösungen im freien oder entwickelnden Unterrichtsgespräch[125)] weitgehend selbständig erarbeiten. Der Unterrichtende fungiert dabei als Helfer im problembewältigenden Denk-Lern-Prozess. Nicht selten soll er Antworten auf Fragen verweigern und Fragen an die Lerngruppe zurückgeben; er scheut nicht davor zurück, die Schüler Irrwege gehen zu lassen, allerdings nur so weit, dass die Betreffenden nicht die Lust am Problemlöseprozess verlieren, weil sie völlig ratlos und frustriert sind. Gegebenenfalls sind während der Unterrichtsstunde Standortbestimmungen vorzunehmen, um der gesamten Lerngruppe das bisher Erreichte ins Bewusstsein zu heben und so eine Angleichung der Ausgangsbasis für das weitere Gespräch zu schaffen. Das kann geboten erscheinen, wenn z. B. der Eindruck entsteht, dass die leistungsstarken Schüler in ihrer Argumentation so schnell fortschreiten, dass die leistungsschwächeren nicht mehr folgen können und sich aus dem Denk-Lern-Prozess zurückziehen. Diesem Lehrerverhalten des minimalen Dirigismus korrespondiert auf seiten der Schüler die sogenannte „aktive Initiative“ (Robert Sears), das heißt das mehr selbständige Entdecken des Lösungsweges durch die Problemlösenden.[126)]

Für den Verlauf der einzelnen Stunde wird eine Dreiteilung vorgeschlagen. Nach dem Einstiegsimpuls führt ein freies Unterrichtsgespräch zur Problemfindung und -orientierung. Im Zentrum der Unterrichtsstunde steht die Erarbeitungsphase, in der in der Regel das entwickelnde Unterrichtsge spräch dominiert. Am Ende der Stunde erfolgt die Sicherung der Ergebnisse, z. B. durch den einfachen Arbeitsauftrag an einen Schüler, den Verlauf der Argumentation zu wiederholen, oder durch eine Problematisierung der Ergebnisse, die von den Schülern beispielsweise verlangt, das Erarbeitete auf eine andere Textstelle zu beziehen.

Die methodische Alternative von Gruppenarbeit oder Schülerreferaten, z. B. über das historische Umfeld von 1820 oder zur Untersuchung von einzelnen Elementen der Landschaftsdarstellung wie Garten, Wald etc., kann bei entspre-

---

125) Vgl. dazu: Giera, Formen des Unterrichts
126) Vgl. Scholz, Problemlösender Unterricht

chender Qualifikation der Lerngruppe eine sinnvolle Ergänzung sein, jedoch sollte dabei bedacht werden, dass diese Novelle kein Selbstläufer ist, sondern einer detailliert didaktischen Aufbereitung bedarf, die von Schülern häufig nicht geleistet werden kann.

5.2 Verlaufsskizze

5.2.1 Rahmenbedingungen

Die folgende Verlaufsskizze einer Unterrichtseinheit zu Eichendorffs „Aus dem Leben eines Taugenichts“ ist für den Oberstufenunterricht des Gymnasiums konzipiert. Als Textgrundlage wird das preisgünstige Reclam-Bändchen[127] vorgeschlagen, obwohl eine Fülle weiterer Editionen angeboten wird. Vor Beginn der Behandlung im Unterricht sollen die Schüler den Text in häuslicher Lektüre vorbereitend lesen, wobei je nach Disposition der Lerngruppe sieben bis vierzehn Tage zu veranschlagen sind.
Die Verlaufsskizze ist als Aufzeigen von möglicherweise zu behandelnden Problemfeldern zu verstehen. Es obliegt dabei der pädagogischen Kompetenz des Unterrichtenden, je nach soziokultureller und anthropogener Disposition der Lerngruppe die Feinplanung einzelner Stunden zu erstellen oder auch thematische Ergänzungen vorzunehmen.

5.2.2 Annäherung an Inhalt und Struktur der Novelle

5.2. 2.1 Lernziele

Entwicklung der Bereitschaft und Fähigkeit

- die aufgrund der Erstlektüre gewonnene Wertschätzung oder Ablehnung der Novelle zu formulieren
- eine graphische Darstellung zur Struktur der Novelle zu erarbeiten
- die Fabel der Novelle zu erstellen

127) Die angegebenen Seitenzahlen beziehen sich auf die benutzte Reclam Ausgabe

5.2.2.2 Unterrichtsinhalte

Zunächst erhalten die Schüler ausreichend Gelegenheit, ihre Erstleseeindrücke in einem freien Unterrichtsgespräch auszutauschen. Hierbei lassen sich in der Regel bereits die wesentlichen Programmpunkte für die folgende Behandlung der Novelle festlegen. Im Anschluss an diese freie Phase werden entweder in Kleingruppenarbeit oder in entwickelndem Unterrichtsgespräch Vorschläge zur Strukturierung des Textes erarbeitet, die an der Wandtafel zu fixieren sind, Dabei stehen im wesentlichen zwei Strukturierungsmöglichkeiten zur Disposition: Eine an den Orten der Handlung orientierte Gliederung, die eine dreiteilige, ringartige Komposition der Wanderschaft herausarbeitet, wobei allerdings die Mühle als der eigentliche Ausgangspunkt nicht wieder berührt wird.

Mögliches Tafelbild:

Kapitel	Ort	
1	Mühle/Wien	Österreich
2	Wien	
3	Dorf	
4	Lombardei	Italien
5	Lombardei	
6	Norditalien	
7	Rom	
8	Rom	
9	Alpen / Donau	Österreich
10	Wien	

Die andere Gliederungsmöglichkeit orientiert sich an der Handlung der Novelle und zeigt die Ähnlichkeit mit dem Kompositionsprinzip des klassischen fünfaktigen Dramas auf:

1./2. Kapitel	Exposition	Zweimaliger Aufbruch
3./4. Kapitel	Beginn der Verwirrung	Reise nach Italien
5./6. Kapitel	Steigerung der Verwirrung	Episode auf dem italienischen Schloss
7./8. Kapitel	Höhepunkt der Verwirrung	Romerlebnisse
9./10. Kapitel	Aufklärung	Rückkehr

Um die Schüler nochmals zu veranlassen, sich den Inhalt der Novelle ins Bewusstsein zu rufen, werden sie aufgefordert, die Fabel der Novelle zu formulieren. Gegebenenfalls kann dieser Teil als schriftliche Hausaufgabe für die folgende Stunde gestellt werden. Das Endergebnis soll lauten: Ein Müllerssohn zieht über Wien nach Italien, von wo er nach einer Reihe verwirrender Erlebnisse wieder nach Wien zurückkehrt, und dort schließlich sein ersehntes Glück findet.

5.2.3 Die Figur des Taugenichts

5.2.3.1 Lernziele

Entwicklung der Bereitschaft und Fähigkeit

- das Lied „Der frohe Wandersmann“, i. e. „Wem Gott will rechte Gunst erweisen“ als kennzeichnend für einen wesentlichen Teil des Charakters der Titelfigur zu identifizieren
- die Beurteilung der Lebensart der Mitmenschen durch den Sänger und sein Verhältnis zu diesen aufzudecken
- eine Analyse des Namens der Titelgestalt durchzuführen
- herauszuarbeiten, dass entgegen dem Tenor des Eingangsliedes auch Schwermut und das Gefühl der Verlassenheit zum Wesen des Taugenichts gehören

5.2.3.2 Unterrichtsinhalte

Das Lied „Der frohe Wandersmann“ kann der Lerngruppe in einer der gängigen musikalischen Interpretationen vorgestellt werden. Das anschließende freie Unterrichtsgespräch dient zur Inhaltssicherung des Liedertextes, zur Problematisierung und gegebenenfalls zur Hypothesenbildung durch die Schüler. Falls an dieser Stelle des Unterrichts Hypothesen aufgestellt werden, müssen sie unbedingt am Ende der Erarbeitungsphase überprüft werden.

Im entwickelnden Unterrichtsgespräch wird zunächst das lyrische Subjekt als fröhlich, unabhängig, naturverbunden und naiv religiös charakterisiert und mit dem Müllersburschen der Novelle gleichgesetzt. Durch den dezidierten Hinweis auf die zweite Strophe des Liedes wird das Verhältnis zu den Mitmenschen in den Mittelpunkt des Gesprächs gebracht. Der Terminus „Philister“ ist in diesem Argumentationszusammenhang einzuführen und zu klären; falls bei der Lerngruppe Interesse vorhanden ist, kann dieser Terminus durch eine kurze etymologische Erklärung des Unterrichtenden weiter erhellt werden. Die Philisterwelt ist als phantasielose und geschäftige Gegenwart zum Taugenichts zu verstehen, in der nur Mühsal, auf materiellen Nutzen gerichtetes Streben und provienzielle Enge vorherrschen. Es ist auf in diesem Text vorgestellte Vertreter dieses Typus hinzuweisen wie den Gärtner, den Portier, die Kameraden des Taugenichts und, obzwar dieser Stand im genauen Wortsinn nicht den Philistern zuzurechnen ist, auf den Bauern zu Beginn des dritten Kapitels, den der Taugenichts um Auskunft über den Weg nach Italien bittet. Der Taugenichts selbst fühlt sich mit seiner Lebensorientierung diesen philiströsen Existenzen überlegen. Der Gegensatz zwischen dem Titelhelden und der Philisterwelt ist durch eine Namensanalyse nochmals zu verdeutlichen: Die Benennung „Taugenichts“ erscheint lediglich vom Standpunkt der Philister aus verständlich, unter ethisch-moralischen Aspekten ist der Taugenichts die einzige Figur der Novelle, die etwas taugt.

Um den Charakter des Müllersburschen vollständig zu erfassen, ist es unabdingbar, die Textgrundlage zu erweitern, um zu ermitteln, dass dem Taugenichts ebenfalls das Schwermütige und das Gefühl der Verlassenheit zugehörig ist. Die Abhängigkeit der Stimmungen des Protagonisten von Ort und Zeit kann sich an dieser Stelle anschließen.

5.2.4 Traum-Land Italien

5.2.4. 1 Lernziele

Entwicklung der Bereitschaft und Fähigkeit

- aufzuzeigen, dass die Italienreise des Taugenichts keinesfalls in der Tradition der klassischen Bildungsreisen steht
- zu ermitteln, dass der Taugenichts ein negatives Bild vom realen Italien und seinen Bewohnern zeichnet
- herauszuarbeiten, dass das vom Taugenichts beschriebene Rom nicht die Hauptstadt Italiens ist
- Rom und Italien als Chiffre für Glück zu interpretieren

5.2.4.2 Unterrichtsinhalte

In einem kurzen Lehrervortrag werden die Schüler über die Bedeutung des Reiseziels Italien in der Tradition der klassischen Bildungsreisen informiert. Hinzuweisen ist vor allem auf Motivation und Verhalten der Bildungsreisenden, wie es z. B. an Goethes „Römischen Elegien" und an seiner „Italienischen Reise" abzulesen ist, der diese Reise als ein bewusstes Schauen, Wahrnehmen und Sich-Bilden nutzt.
In dem sich an diesen Lehrervortrag anschließenden Unterrichtsgespräch sind die Differenzen im Verhalten der Bildungsreisenden und des Taugenichts herauszuarbeiten: Der Müllersbursche verschläft die größte Wegstrecke in seiner Kutsche, er hat kaum Zeit das Land bewusst wahrzunehmen, denn die Kutsche rast durch das Land; falls er einmal wach ist, weiß er nur Banalitäten, aber nichts Spezifisches zu berichten. Keineswegs erscheint dem Taugenichts Italien als das romantische Land par excellence, vielmehr wirkt es „lüderlich" und abweisend, so dass er es mit der pejorativen Bezeichnung „Welschland" belegt.
Falls nicht bereits als Schülerhinweis in der vorausgegangenen Unterrichtsphase eingebracht, ist jetzt auf die Annäherung des Taugenichts an Rom hinzuweisen. Die Darstellung Roms unterscheidet sich von dem bisherigen Italienbild, der das in der Novelle vorgestellt wird. Textgrundlage für das entwickeln-

de Unterrichtsgespräch sind die ersten beiden Absätze des siebten Kapitels, das zur Vertiefung der Textkenntnis nochmals in Stillarbeit gelesen werden soll. Die Schüler werden ermitteln, dass die als Rom bezeichnete Stadt nicht mit der Hauptstadt Italiens identisch sein kann, da diese z. B. weder am Meer liegt noch von einer Heide umgeben ist. Ist dieses Spezifikum entdeckt, so kann zur Herausarbeitung der abstrakten Problematik übergeleitet werden, dass hier ein in Kindertagen imaginiertes Utopia unter dem Namen Rom beschrieben wird. Zu diskutieren ist die Funktion ein derartiges Utopia im Leben eines Menschen als Ideal und Orientierungspunkt für endloses Streben. Falls erforderlich, kann zur Verdeutlichung das platte Italienbild des Portiers herangezogen werden, der mit dem Namen Italien sein Ideal eines irdischen Paradieses bezeichnet, in dem einem „die Rosinen ins Maul" wachsen.

Zur Sicherung und Vertiefung der abstraktphilosophischen Ergebnisse dieser Phase des Unterrichts werden die Schüler aufgefordert, den Widerspruch zu erklären, der darin besteht, dass der Taugenichts am Ende der Novelle mit seiner frisch angetrauten Frau sofort wieder nach Italien aufbrechen will, obwohl er am Ende des achten Kapitels definitiv erklärt hatte, er wolle Italien „auf ewig den Rücken kehren". Dieser Widerspruch ist nur aufzulösen, versteht man unter „Italien" nicht das reale Land, sondern gleichsam ein Lebensideal, an dem der Taugenichts auch in seinem neuen Status festhalten will und auf das er auch seine Frau zu verpflichten wünscht.

5.2.5 Die Künstlerproblematik

5.2.5. 1 Lernziele

Entwicklung der Bereitschaft und Fähigkeit

- in der Gestalt des Herrn Eckbrecht eine Persiflage des romantischen Geniekults zu entdecken
- das volkstümlich-gesellige Künstlertum des Taugenichts als Gegenposition zu ermitteln

5.2.5.2 Unterrichtsinhalte

Die These, in Rom treffe der Taugenichts seinesgleichen, leitet ein freies Unterrichtsgespräch ein, das sich auf das Verhältnis des musizierenden Taugenichts zu den beiden Malern konzentrieren wird. In dieser Phase des Unterrichts können die Schüler noch nicht abschließend zu der aufgestellten These Stellung nehmen, sondern sind lediglich in der Lage, Hypothesen aufzustellen, die der Unterrichtende an der Wandtafel notieren soll.

Die Schüler werden einsehen, dass zur Überprüfung der aufgestellten Hypothesen eine eingehende Untersuchung des Kunstverständnisses der Maler und des Taugenichts erforderlich ist. Zunächst ist die Rede des Herrn Eckbrecht an den Taugenichts im siebten Kapitel der Novelle zu untersuchen. Herr Eckbrecht ist Repräsentant subjektivistisch-genialer Kunstideologie. Poesie und Leben stellen für ihn einen diametralen Gegensatz dar. Als Künstler verachtet er das plumpe und niedere Dasein, dem er allerorten begegnet und das ihm die Ausübung seiner Kunst so sehr erschwert. Eine derartige Kunstauffassung führt den Künstler in eine Art asoziale Exklusivität, übt er doch seine Kunst abseits der Gesellschaft aus. Im Unterrichtsgespräch ist aufzudecken, dass Selbstanalyse und tatsächliches Verhalten des angetrunkenen und in banale Liebeshändel verstrickten Eckbrecht auseinanderfallen und er sich selbst als Persiflage eines Künstlers entlarvt.

Zu ermitteln ist nun, warum dem Taugenichts vor dem wilden Gerede dieses Malers graut und er davonläuft. Unmittelbarer Anlass ist das Rendezvous, dahinter aber verbirgt sich die Abkehr von der Eckbrechtschen Kunstauffassung. Für den Müllersburschen ist Kunst unmittelbarer Ausdruck seiner Stimmungen oder ist in anderen Fällen als reine Unterhaltung seiner Zuhörerschaft gedacht, z. B. wenn er der Dorfjugend zum Tanz aufspielt. Im Unterschied zu Herrn Eckbrecht bleibt dem Taugenichts die Anerkennung seiner Kunst nicht versagt, die unter dem Begriff volkstümlich-gesellig zu subsumieren ist. In diesem Zusammenhang ist die Frage zu erörtern, ob der Müllersbursche überhaupt als Künstler zu bezeichnen ist. Es gilt offenzulegen, dass der Taugenichts nicht in seiner Künstler-

existenz aufgeht und so die Aufnahme in eine Anthologie „Deutsche Künstlernovellen“ nicht ganz unumstritten ist[128)], sofern man ihm nicht den Status eines Lebens-Künstlers zubilligt, der den „Poetenmantel“ der Liebe in dieser „kalten Welt umnimmt, um nach Arkadien auszuwandern“, wie es Graf Leonhard im zehnten Kapitel der Novelle formuliert.
Am Ende dieser Unterrichtsphase ist nochmals auf die eingangs vorgestellte These einzugehen, die die Schüler jetzt begründet zurückweisen können.

5.2.6 Aurelie – Inkarnation geistig-religiöser Liebe

5.2.6. 1 Lernziele

Entwicklung der Bereitschaft und Fähigkeit

- die marienhaften Züge der Darstellung Aureliens herauszuarbeiten
- die Beziehung zwischen dem Taugenichts und ihr als platonisch zu charakterisieren
- das Gegensatzpaar der sinnlichen und der geistigen Liebe als konstitutives Klassifizierungsmerkmal zweier Frauentypen zu ermitteln

5.2.6.2 Unterrichtsinhalte

Zu Beginn der Erarbeitung dieses Problemkreises wird eine der häufigen Darstellungen der mit der Lilie abgebildeten Jungfrau Maria oder einer Verkündigungsszene, z. B. Botticellis, projektiert. Die Schüler werden entweder die Hypothese aufstellen, die „schöne gnädige Frau“ besitze die Züge der Maria oder keine Beziehung zwischen Bild und Novelle zu erkennen glauben.
In beiden Fällen ist eine Überprüfung der Hypothese am Text vonnöten. Dazu bieten sich zwei Passagen der Novelle an:

---

128) Deutsche Künstlernovellen des 19. Jahrhunderts. Hrsg. v. Jochen Schmidt. Frankfurt/Main: Insel, 1982, S. 55-164

Seite 7, Zeile 12-29 oder Seite 10, Zeile 36 bis Seite 12, Zeile 21 der Reclam-Ausgabe, die zur Vorbereitung des Unterrichtsgesprächs als Hausaufgabe oder in Stillarbeit zu lesen sind. Wie der Gottesmutter ist auch der „schönen gnädigen Frau“ eine Lilie beigegeben. Dieses Attribut symbolisiert Keuschheit, Reinheit und Jungfräulichkeit. Das Schweigen Aurelies verstärkt das transzendentale Moment in ihrer Erscheinung, so dass es nur konsequent erscheint, wenn der Taugenichts sie mit einem Engel vergleicht. Dieses junge Mädchen wird in ihrer religiösen Überhöhung als völlig trieb- und geschlechtslos dargestellt. Die Interpretation des Liedes „Wohin ich geh und schaue“ sichert diese Charakterisierung zum einen ab, zum anderen offenbart das Lied, dass die Liebe des Taugenichts zu dieser „hohe(n) Fraue“ nicht auf sinnliche Erfüllung angelegt ist, sondern auf geistig-seelische Verehrung.
In der Kontrastierung mit anderen in der Novelle vorgestellten Frauengestalten, wie dem Bauernmädchen des 3. Kapitels oder der frivolen Gräfin in Rom, wird das Erarbeitete vertieft. Hier handelt es sich um die fatale Typisierung der Frauenbilder, die sich in der Literatur seit dem Mittelalter in immer neuen Variationen nachweisen lässt: die religiös überhöhte, marienhaft-idealisierte „hohe „Frau und die dem sinnlichen Bereich verhaftete Frau, die in der Tradition der heidnischen Venus oder Helena steht.
Je nach dem Inhalt der anfangs aufgestellten Hypothese soll zum Abschluss dieses Problemkreises ein Schüler entweder die konstitutiven Momente der marienhaften Darstellung rekapitulieren oder die Beziehung zwischen dem nochmals präsentierten Bild und Aurelie aufzeigen.

5.2.7. Die Landschaft Eichendorffs

5.2.7. 1 Lernziele

Entwicklung der Bereitschaft und Fähigkeit

- Eichendorffs Landschaftsbeschreibungen als Abwandlung einer einzigen Urlandschaft zu erkennen

- die sprachlichen und stilistischen Mittel aufzuzeigen, die Eichendorff für seine Landschaftsbeschreibung benutzt
- „Raumtiefe“ als konstitutives Merkmal der Eichendorffschen Landschaftsbeschreibung herauszuarbeiten

5.2.7.2 Unterrichtsinhalte

Die Schüler werden aufgefordert, selbst die Landschaftsbeschreibungen im Text zu ermitteln, oder, weniger zeitintensiv, der Unterrichtende gibt ihnen die Passagen vor, die sie im Hinblick auf die verwendeten Landschaftselemente untersuchen sollen. Die Lösung dieser Aufgabe erfolgt am geeignetsten in arbeitsteiliger Kleingruppenarbeit. Aus der Fülle der zur Untersuchung geeigneten Landschaftsdarstellung eine Auswahl:

1. Kapitel	Seite 5, Zeile 7-14
2. Kapitel	Seite 24, Zeile 13-18
3. Kapitel	Seite 35, Zeile 16 – Seite 36, Zeile 4
4. Kapitel	Seite 42, Zeile 10-15
5. Kapitel	Seite 46, Zeile 36 – Seite 47, Zeile 7
6. Kapitel	Seite 53, Zeile 21-30
8. Kapitel	Seite 69, Zeile 27-31
9. Kapitel	Seite 87, Zeile 12-18
10. Kapitel	Seite 98, Zeile 35 – Seite 99, Zeile 5

Die Auswertung erfolgt im möglichst frei gestalteten Unterrichtsgespräch, in dem aufgezeigt wird, dass es keine mit individuellen Zügen ausgestatte Landschaft gibt, sondern dass immer wieder dieselben Landschaftselemente gleichsam als Kulisse, für die Handlung auftauchen: „Berge und Grund, Wald und Strom; Stadt, Burg, Mühle; Mond, Sterne, Abend, Nacht und Morgen; aufsteigender Rauch, Glockenklang, Gesang der Vögel und Bellen der Hunde.“[129]
Es schließt sich die exemplarische Textanalyse einer geeigneten Passage im entwickelnden Unterrichtsgespräch an. Zu ermitteln ist, dass die Eichendorffsche Landschaft nicht starr vor

129) Kunisch, Joseph von Eichendorff, S. 248

dem Betrachter liegt, sondern in Bewegung ist. Erreicht wird dies über die Verwendung von bewegungsanzeigenden Präfixen in Verbindung mit den entsprechenden Verben. Der Fluchtpunkt, zu dem alles hinstrebt, ist die „Ferne“, die immer am Rande der wahrnehmbaren Landschaft angesiedelt ist. Der Raum zwischen dem Standpunkt, von dem aus die Landschaft beschrieben wird und der Ferne wird mit den verschiedensten Elementen angefüllt, um den Eindruck der Leere zu vermeiden: z. B. Berge, Flüsse, Wälder etc. Diese Funktion erfüllt auch der Gebrauch der Präpositionen „durch“, „über“, „zwischen“. Um den Schülern das Spezifische der Eichendorffschen Landschaftsbeschreibung erfahrbar werden zu lassen, sollen sie abschließend die Veränderung, die der Leser bei der folgenden Landschaftsdarstellung wahrnimmt, beschreiben:

– „Während die Morgenglocken klangen.“
– „Während die Morgenglocken heraufklangen.“
– „Während die Morgenglocken über den Garten heraufklangen.“
– „Während die Morgenglocken aus den Tälern über den Garten heraufklangen.“
– „Während die Morgenglocken von fern aus den Tälern über den Garten heraufklangen.“

Es wird den Schülern deutlich gemacht, dass hier eine zunächst enge Landschaft immer weiter gedehnt wird und ein Phänomen entsteht, das Alewyn „Raumtiefe“ genannt hat.[130)] Die Eichendorffsche Landschaftsbeschreibung stellt wie dieses Beispiel zeigt, den konsequentesten Versuch dar, „Raum“ in der Dichtung sprachiich erfahr- und erfassbar zu machen .

130) Vgl. Alewyn, Eine Landschaft Eichendorffs, S. 40

6 Literaturverzeichnis

6.1 Texte Eichendorffs

Aus dem Leben eines Taugenichts. Mit einem Nachwort von Konrad Nussbächer. Stuttgart: Reclam Bd. 2354, 1970 ff. Nach dieser Ausgabe wird die Novelle zitiert.

Erlebtes. 1. Der Adel und die Revolution. In: Werke, Bd. 2 (Erzählende Dichtungen, Vermischte Schriften). Stuttgart: Cotta'sche Buchhandlung Nachfolger, 1953, S. 1082-1103

Erzählungen. Hrsg. v. Werner Bergengruen. Zürich: Mannesse, 1955 (Manesse Bibliothek der Weltliteratur)

Viel Lärm um nichts. In: Werke, Bd. II (Romane und Erzählungen). München: Winkler 1970, S. 659 – 721

Werke in einem Band. Hrsg. v. Wolfdietrich Rasch. München Hanser, 2. Auflage 1982

Sämtliche Werke. Historisch kritische Ausgabe. Hrsg. v. Wilhelm Kosch u.a., 25 Bde. (unvollst.). Regensburg 1908 ff. Abgekürzt als: HKA

6.2 Literatur zu Eichendorffs „Aus dem Leben eines Taugenichts"

Adorno, Theodor W.: Zum Gedächtnis Eichendorffs. In:

Ders.: Noten zur Literatur, Bd. 1. Frankfurt/Main: Suhrkamp, 1959, S. 105 – 143

Alewyn, Richard: Ein Wort über Eichendorff. In: Stöcklein, Eichendorff heute, S. 7 – 18

Ders.: Eine Landschaft Eichendorffs. In: Stöcklein, Eichendorff heute, S. 19 – 43

Appelt, E. P.: Selbsterlebtes in Eichendorffs „Aus dem Leben eines Taugenichts". In: Philological Quarterly 7, 1928, S. 275-282

Bauer, Friedrich G.: Die Gedichteinlagen in Eichendorffs Novelle „Aus dem Leben eines Taugenichts“. In: Monatshefte für deutschen Unterricht, deutsche Sprache und Literatur. Madison, Vol. 25 (1933), S. 139 – 148

Bindschedler, Maria: Der Taugenichts. In: Neue Schweizer Rundschau N. F., 11. Jg. (1943), H. 6

Böttcher, Kurt u. a.: Erläuterungen zur deutschen Literatur. Romantik. Berlin 1980

Bollnow, Friedrich: Unruhe und Geborgenheit im Weltbild neuerer Dichter. Stuttgart 1953

Bormann, Alexander von: Philister und Taugenichts. Zur Tragweite des romantischen Antikapitalismus. In: Aurora 30/31 (1970/71), S. 94 ff

Ders.: Joseph von Eichendorff: Aus dem Leben eine Taugenichts (1826). In: Romane und Erzählungen zwischen Romantik und Realismus. Neue Interpretationen. Hrsg. v. Paul Michael Lützeler. Stuttgart: Reclam, 1983, S. 94 – 116

Bosselmann-Franzen, Amalie: Die Bedeutung der Gestalt des Taugenichts in Eichendorffs „Aus dem Leben eines Taugenichts“. In: Monatshefte für Deutschen Unterricht, deutsche Sprache und Literatur, Vol. 31 (1939), S. 265 – 273

Brunschwig, Henri: Gesellschaft und Romantik in Preußen im 18. Jahrhundert. Die Krise des preußischen Staates am Ende des 18. Jahrhunderts und die Entstehung der romantischen Mentalität. Frankfurt/Main – Berlin – Wien: Ullstein, 1976

Craig, Gordon A.: Über die Deutschen. Aus dem Englischen von Hermann Stiehl. München: Beck, 1983

Deussen, Paul: Neuere Philosophie von Descartes bis Schopenhauer. Leipzig 1922

Emrich, Wilhelm: Dichtung und Gesellschaft bei Eichendorff. In: Stöcklein, Eichendorff heute, S. 57 – 65

Enzinger, Moritz: Eichendorff und das alte Osterreich. Würzburg 1958 (Schriftenreihe Kulturwerk Schlesien)

Erler, Gotthard (Hrsg.): Der Briefwechsel zwischen Theodor Fontane und Paul Heyse. Berlin: Aufbau-Verlag, 1972

Goethe, Johann, Wolfgang von: Werke. Hamburger Ausgabe in 14 Bänden. Hrsg. v. Erich Trunz. Bd. 7: Wilhelm Meisters Lehrjahre. München: Beck, 10. neubearbeitete Auflage 1981

Große, Wilhelm / Grenzmann, Ludger: Klassik / Romantik. Geschichte der deutschen Literatur 2. Hrsg. v. Joachim Bark u.a. Stuttgart: Klett, 1983

Gump, Margaret: Zum Problem des Taugenichts. In: Deutsche Vierteljahrsschrift für Literaturwissenschaft und Geistesgeschichte, 37. Jg. (1963), H. 4, S. 529 – 557

Haar, Carel ter: Joseph von Eichendorff. Aus dem Leben eines Taugenichts. Text, Materialien, Kommentar. München, Wien: Hanser, 1977 (Hanser LiteraturKommentare Bd. 6)

Hegel, Georg Friedrich Wilhelm: Ästhetik. Hrsg. v. F. Bassenge. Berlin 1955

Hotz, Karl: Joseph von Eichendorff. Aus dem Leben eines Taugenichts. Text und Arbeitsbuch. Frankfurt / Main: Hirschgraben, 1978 (Literatur und Methode)

Jaugey, Gesine: Stundenblätter „Kleider machen Leute"/ „Taugenichts". Stuttgart: Klett, 4. Aufl. 1982

Köhler, Willibald: Joseph von Eichendorff. Ein Dichterleben in 11 Kapiteln. Augsburg 1957 (Veröffentlichungen der oberschlesischen Studienhilfe e. V. 8)

Köhnke, Karl: Homo viator. Zu Eichendorffs Erzählung „Aus dem Leben eines Taugenichts". In: Aurora 42 (1982), S. 24 – 56

Koopmann, Helmut: Um was geht es eigentlich in Eichendorffs „Taugenichts"? Zur Identifikation eines literarischen Textes. In: Wissenschaft zwischen Forschung und Ausbildung. Augsburg 1975, S. 179 – 191 (Schriften der Philosophischen Fachbereiche der Universität Augsburg Bd. 17)

Korff, Hermann August: Geist der Goethezeit. Bd. IV: Hochromantik. Leipzig: Koehler und Amelang, 2. durchgesehene Auflage 1955

Krämer, Herbert: Theorie der Novelle. Arbeitstexte für den Unterricht. Stuttgart: Reclam, 1976

Kunisch, Herrmann: Joseph von Eichendorff. Freiheit und Bann – Heimat und Fremde – Dichter und Spielmann. In: Ders.: Kleine Schriften. Berlin – München 1968, S. 241 – 272

Kunz, Josef: Eichendorff: Höhepunkt und Krise der Spätromantik. Darmstadt: Wissenschaftliche Buchgesellschaften 1980 (1951)

Lämmert, Eberhard: Eichendorffs Wandel unter den Deutschen. In: Steffen (Hrsg.): Die deutsche Romantik, S. 219 – 252

Lukacs, Georg: Deutsche Realisten des 19. Jahrhunderts. Berlin: Aufbau-Verlag (1953)

Mann, Thomas: Betrachtungen eines Unpolitischen. Frankfurt/Main: Fischer, 1974 (Gesammelte Werke in 13 Bdn., Bd. XII)

Ders.: Briefe 1937 – 1947. Frankfurt/Main: Fischer, 1963

Ders.: Tonio Kröger. In: Ders.: Die Erzählungen Bd. 1. Frankfurt/Main: Fischer TB, 1975

Mühler, Robert: Die künstlerische Aufgabe und ihre Lösung in Eichendorffs Erzählung „Aus dem Leben eines Taugenichts". In: Aurora 22 (1962)

Ders.: Eichendorffs Erzählung „Aus dem Leben eines Taugenichts". Eine Untersuchung der künstlerischen Leistung. Würzburg: Verlag Kulturwerk Schlesien, 1962

Müller, Joachim: Eichendorffs Erzählung „Aus dem Leben eines Taugenichts". In: Zeitschrift für Deutschkunde, 54 Jg . (1940)

Nipperdey, Thomas: Deutsche Geschichte 1800 – 1866. Bürgerwelt und starker Staat. München: Beck, 1983

Novalis: Schriften. Dritter Band: Das philosophische Werk II. Hrsg. v. R. Samuel. Stuttgart: Kohlhammer, 1960/68

Nygaard, Loisa: Eichendorffs Aus dem Leben eines Taugenichts: „Eine leise Persiflage der Romantik". In: Studies in Romanticism 19 (1980), S. 193 – 216

Paulsen, Wolfgang: Eichendorff und sein Taugenichts. Die innere Problematik des Dichters in seinem Werk. Bern und München: Franke, 1976

Pikulik, Lothar: Bedeutung und Funktion der Ferne bei Eichendorff. In: Aurora 35 (1975), S. 21 – 34

Polheim, Karl Konrad: Neues vom „Taugenichts". In: Aurora 43 (1983), S. 32 – 34

Poser, Hans: Joseph von Eichendorff: Aus dem Leben eines Taugenichts. In: Jakob Lehmann (Hrsg.): Deutsche Novellen von Goethe bis Walser. 2 Bde. Königstein/Ts: Scriptor, 1980, Bd. 1, S. 105 – 124

Preisedanz, Wolfgang: Zur Poetik der deutschen Romantik 1. Die Abkehr vom Grundsatz der Nachahmung. In: Steffen (Hrsg.): Die deutsche Romantik, S. 54 – 74

Rasch, Wolfdietrich: Nachwort zu: Eichendorff: Werke in einem Band, S. 1007 – 1031

Robertson, John G.: A History of German Literature. 5th ed., revised and enlarged by E. Purdie with W. Lucas and M. Walske: Edinburgh and London 1902; rpt. New York: British Book Centre, 1966

Rodewald, Dierk: Der „Taugenichts" und das Erzählen. In: Zeitschrift für Deutsche Philologie, 92. Bd. (1973), S. 231 -259

Ruland, Joseph: Joseph von Eichendorffs „Taugenichts" und J. J. Rousseaus „Confessions". In: Zeitschrift für Deutsche Philologie, 75 Bd. (1956), S. 375 – 385

Sauter Bailliet, Theresia: Die Frauen im Werk Eichendorffs, Verkörperung heidnischen und christlichen Geistes. Bonn: Bouvier, 1972

Schiller, Friedrich: Über naive und sentimentalische Dichtung. In: Ders.: Sämtliche Werke, Bd. 5. München: Hanser, 6. Auflage 1980, S. 694 – 780

Schlegel, Friedrich: Lucinde. Stuttgart: Reclam o. J.

Ders.: Schriften zur Literatur. Hrsg. v. Wolfdietrich Rasch. München: dtv, 1972. Darin: Kritische Fragmente, S. 7 – 24; Athenäums-Fragmente, S. 25 – 83; Gespräche über die Poesie, S. 279 – 331

Schulz H. / Basler, O.: Deutsches Fremdwörterbuch. Berlin: de Gruyter, 1942

Schulz, Karl: Joseph Freiherr von Eichendorff „Aus dem Leben eines Taugenichts". In: Pädagogischer Wegweiser 8. Jg. (1953), Nr. 4, S. 1 – 6, Nr. 5, S. 1 – 4

Seidlin, Oskar: Eichendorffs symbolische Landschaft. In: Stöcklein, Eichendorff heute, S. 218 – 241

Ders.: Versuche über Eichendorff. Göttingen: Vandenhoeck & Ruprecht, 1965

Ders.: Der Taugenichts ante portas. In: Ders.: Versuche über Eichendorff, S. 14 – 31

Ders.: Klassische und moderne Klassiker (Goethe, Brentano, Eichendorff, G. Hauptmann, Th. Mann). Göttingen: Vandenhoeck & Ruprecht, 1972

Stanzel, Franz K.: Typische Formen des Romans. Göttingen: Vandenhoeck & Ruprecht, 7. Auflage 1974

Stecher, R.: Erläuterungen zu Eichendorffs „Aus dem Leben eines Taugenichts". Hollfeld: Bange, 1955

Steffen, Hans (Hrsg.): Die deutsche Romantik. Poetik, Formen und Motive. Göttingen: Vandenhoeck & Ruprecht, 2. Auflage 1970

Stöcklein, Paul / Feuchtmayr, Inge: Der Dichter des Taugenichts. Eichendorffs Welt und Leben geschildert von ihm selbst und von Zeitgenossen. München 1957

Stöcklein, Paul: Joseph von Eichendorff in Selbstzeugnissen und Bilddokumenten. Hamburg: Rowohlt, 1963

Ders.: (Hrsg.): Eichendorff heute: Stimmen der Forschung mit einer Bibliographie. Darmstadt: Wissenschaftliche Buchgesellschaft, 2. Auflage 1966

Strohschneider-Kohrs, Ingrid: Zur Poetik der deutschen Romantik II. Die romantische Ironie. In: Steffen (Hrsg.): Die deutsche Romantik, S. 75 – 97

Wiese, Benno von: Deutsche Novellen von Goethe bis Kafka. Interpretationen I. Düsseldorf: Bagel, 1956

6.3 Literatur zu Didaktik und Methodik

Ahrens, Ernst (Hrsg.): Einführung in die Schulpraxis. Heidelberg, 1974

Brunnhuber, Paul: Prinzipien effektiver Unterrichtsgestaltung. Donauwörth, 5. Auflage 1973

Erikson, Erik H.: Das Problem der Ich-Identität. In: Ders.: Identität und Lebenszyklus. Frankfurt/Main: Suhrkamp, 7. Auflage 1981, S. 123 – 212

Gehrke, Hans/Thunich, Martin: Thomas Manns Künstlernovellen. Hollfeld: Beyer, 1984 (Analysen und Reflexionen)

Giera, Fritz: Formen des Unterrichts. In: Ahrens (Hrsg.): Einführung in die Schulpraxis, S. 47 – 71

Klafki, Wolfgang: Didaktische Analyse als Kern der Unterrichtsvorbereitung. In: Auswahl. Grundlegende Aufsätze aus der Zeitschrift „Die Deutsche Schule“, Bd. 1. Hannover: Schroedel, 1964, S. 5 – 34

Nickel, Horst: Entwicklungspsychologie des Kindes- und Jugendalters. Bd. Ii: Schulkind und Jugendlicher. Bern – Stuttgart – Wien: Huber, 2. Auflage 1976

Rahmenrichtlinien / Lehrpläne

- Lehrplanrevision in Baden-Württemberg. Die revidierten Lehrpläne. Endfassung für die Lehrerfortbildung. Gymnasien: Deutsch. Hrsg. Ministerium für Kultus und Sport Baden-Württemberg. Villingen: Neckar, August 1983
- Kursstruktur-Pläne Gymnasiale Oberstufe. Aufgabenfeld 1, 1. Deutsch. Hrsg. v. Hessischen Kultusminister. Frankfurt/Main: Diesterweg, 1984
- Rahmenrichtlinien für das Gymnasium – Deutsch, Gymnasiale Oberstufe. Hrsg. v. Niedersächsischen Kultusminister. Hannover: Berenberg, September 1982

Scholz, Frank: Problemlösender Unterricht. Essen: Neue Deutsche Schule, 1980

Thunich, Martin: Thomas Mann – Tonio Kröger. Hollfeld: Bange, 1984 (Bausteine Deutsch)

Unseld, Siegfried (Hrsg.): Erste Lese-Erlebnisse. Frankfurt/Main: Suhrkamp, 1975

Ziehe, Thomas / Stubenrauch, Herbert: Plädoyer für ungewöhnliches Lernen, Ideen zur Jugendsituation. Hamburg: Rowohlt, 1982

7 Zeittafel

1786	Eichendorffs Bruder Wilhelm geboren, mit dem der Dichter bis zu seinem 25. Lebensjahr ununterbrochen zusammenlebt.
1788	Der Dichter Joseph Karl Benedikt Freiherr von Eichendorff auf Schloss Lubowitz bei Ratibor in Schlesien am 10. März geboren.
1792	Aloysia Anna Viktoria von Larisch, Eichendorffs spätere Gattin, auf einem Nachbargut geboren.
1794	Reise nach Prag.
1800	Beginn der regelmäßigen Tagebuchaufzeichnungen am 14. November. Erhalten sind sie bis zum 5.3.1812.
1801	Gemeinsam mit Bruder Wilhelm Eintritt in das katholische Gymnasium in Breslau. Wohnung im St. Josephs-Konflikt, einem von Priestern freisinnig geleiteten Schülerheim. Während der Schuljahre häufiger Theaterbesuch. Frühe Gedichte.
1804	Luise Antonie Nepomucene Johanna, Eichendorffs Schwester und spätere Freundin Stifters, geboren.
1805	Im Frühjahr beginnen die beiden Brüder ihr Studium der Rechts- und Geisteswissenschaften in Halle, unter anderem bei F. A. Wolf, Schleiermacher und Steffens. Besuch des Theaters in Bad Lauchstädt, wo Goethes Weimarer Bühne gastiert. Im Herbst Wanderung durch den Harz nach Hamburg und Lübeck.
1807	Fortsetzung der Studien an der Universität Heidelberg, Vorlesungen unter anderem bei Görres. Flüchtige Bekanntschaft mit Arnim, enge Freundschaft mit dem jungen romantischen Dichter Otto Heinrich Graf von Loeben, Austausch von Dichtungen.

1808	Abschluss des Studiums durch die „Tour“ (Bildungsreise) nach Paris und Wien. Im Sommer Rückkehr nach Gut Lubowitz zur Unterstützung des Vaters als „Ökonom“. Erste Veröffentlichung einiger Gedichte unter dem Pseudonym „Florens“.
1809	Spätherbst: Reise nach Berlin, Bekanntschaft mit Adam Müller, Brentano, Arnim und Kleist. Erste Prosadichtung „Die Zauberei im Herbste“.
1810	Im März Rückkehr nach Lubowitz. Entschluss der Brüder, in den Staatsdienst zu treten. Beide nehmen im Oktober Abschied von Lubowitz: „O Täler weit, o Höhen“ und gehen nach Wien, um ihre Studien mit der juristischen Staatsprüfung abzuschließen. Vermutlich erste Konzeption für „Ahnung und Gegenwart“.
1811/12	Referendarprüfung. Enger Anschluss an die Familie Friedrich Schlegels. Bis 1812 erste Niederschrift von „Ahnung und Gegenwart“.
1813	Wilhelm von Eichendorff wird in den österreichischen Staatsdienst übernommen. Joseph lässt sich als Freiwilliger in das Lützowsche Freikorps aufnehmen und nimmt an den Befreiungskriegen teil.
1814	Nach dem Friedensschluss im Mai kehrt Joseph nach Lubowitz zurück. Er versucht vergeblich, in Wien eine Anstellung zu finden.
1815	Sekretär beim Oberkriegskommissariat in Berlin. Im April heiratet er Luise von Larisch aus der Nachbarschaft von Lubowitz. Beim erneuten Kriegsausbruch tritt er wiederum in das Heer ein. Geburt seines Sohnes Hermann. Der Roman „Ahnung und Gegenwart“ erscheint zu Ostern.
1816	Referendar bei der Breslauer Regierung, wie damals üblich ohne Gehalt. In diesem und in den folgenden Jahren eingeschränktes Leben. Bekanntschaft mit dem Historiker Friedrich von

Raumer (1781 – 1873) und dem Dichter Karl von Holtei (1798 – 1880).

1817 Niederschrift des „Urtaugenichts“.

1818 Tod des Vaters. Verkauf der verschuldeten schlesischen Güter; nur Lubowitz bleibt der Mutter als Witwensitz.

1819 Große Staatsprüfung in Berlin mit Auszeichnung bestanden, Prüfungsabhandlung über die Aufhebung der Landeshoheit der Bischöfe und Äbte. Ernennung zum Regierungsassessor. Die Novelle „Das Marmorbild“.

1821 Versetzung nach Danzig als katholischer Konsistorial- und Schulrat und Ernennung zum Regierungsrat. Erstes auskömmliches Gehalt bei einer schon vier Kindern umfassenden Familie. Freundschaft mit dem damaligen Oberpräsidenten von Ost- und Westpreußen Freiherrn Heinrich Theodor von Schön (1773 – 1856).

1822 Tod der Mutter. Lubowitz wird versteigert.

1823 Das dramatische Märchen „Krieg den Philistern“ erscheint. Veröffentlichung des 1. Kapitels des „Taugenichts“.

1824 Versetzung als Oberpräsidialrat und Mitglied der ostpreußischen Regierung nach Königsberg, „Krieg den Philistern“.

1826 Die Novelle „Aus dem Leben eines Taugenichts“ erscheint, im gleichen Band die Erzählung „Das Marmorbild“ und als Anhang die erste Sammlung von 48 Gedichten.

1827 Die Tragödie mit Gesang und Tanz „Meierbeths Glück und Ende“.

1828 Das Trauerspiel „Ezelin von Romano“.

1830 Das Trauerspiel „Der letzte Held von Marienburg“.

1831 Ratsstelle für katholisches Kirchen- und Schulwesen im Kulturministerium zu Berlin. Verkehr mit dem Rechtsgelehrten und Romanisten Friedrich Karl von Savigny (1779 – 1861) und dem Dichter Adelbert von Chamisso (1781 – 1838).

1832	Liedergruppe „Auf den Tod meines Kindes“, angeregt durch den Tod der Tochter Anna (1830 – 1832) und die Novelle „Viel Lärm um nichts“.
1833	Das Lustspiel „Die Freier“.
1834	Die Novelle „Dichter und ihre Gesellen“ und „Auch ich war in Arkadien“ veröffentlicht.
1835	Eichendorff schreibt die Novelle „Eine Meerfahrt“, die aber erst 1864 in der zweiten Auflage seiner Werke gedruckt wird.
1836	Beschäftigung mit der spanischen Sprache und Literatur, besonders mit Calderón.
1837	Veröffentlichung der ersten umfassenden Sammlung „Gedichte“, die Novelle „Schloss Dürande“.
1838	Ferienreise nach München und Wien.
1839	Die Novelle „Die Entführung“.
1840	Eichendorffs Übersetzung des Sittenspiegels von Don Juan Manuel aus der Mitte des 14. Jahrhunderts, betitelt „Der Graf Lucanor“.
1841	Ernennung zum Geheimen Regierungsrat. Die Novelle „Die Glücksritter“ erscheint, ferner eine Gesamtausgabe der „Werke“ in vier Teilen.
1844	Eichendorff scheidet, nachdem er die im Auftrag des preußischen Königs geschriebene Abhandlung „Die Wiederherstellung des Schlosses der deutschen Ordensritter zu Marienburg“ vollendet hat, infolge eines Konfliktes mit dem Minister aus dem Staatsdienst.
1846	Eichendorff reist mit seiner Gattin nach Wien, wo ihm die literarischen Kreise einen herzlichen Empfang bereiten. Übersetzungen von fünf geistlichen Festspielen Calderóns („Das große Welttheater“, „Gift und Gegengift“, „König Ferdinand der Heilige“, „Das Schiff des Kaufmanns“, „Balthasars Nachtmahl“‘). Beginn literarischer Aufsätze und Schriften.
1847	Die literaturhistorische Arbeit „Über die ethische und religiöse Bedeutung der neueren romantischen Poesie in Deutschland“ wird publiziert.

1848	Eichendorff siedelt nach Dresden, später nach Köthen über.
1849	7. Januar Tod des Bruders Wilhelm. Das Märchen „Libertas und ihre Freier“ entsteht, veröffentlicht 1864 in der zweiten Auflage seiner „Werke“. Eichendorff kehrt nach Berlin zurück.
1851	Die Abhandlung „Der deutsche Roman des achtzehnten Jahrhunderts in seinem Verhältnis zum Christentum“.
1853	Das Epos in Versen „Julian“.
1854	Die literaturhistorische Arbeit „Zur Geschichte des Dramas“.
1855	Übersiedlung nach Neiße. Erkrankung und Tod der Gattin Eichendorffs. Er lebt in der Obhut seiner Tochter Therese von Besserer in Neiße. Verserzählung „Robert und Guiscard“.
1857	Joseph Freiherr von Eichendorff stirbt am 26. November an einer Lungenentzündung. Letzte Dichtung das Epos „Lucius“. Im gleichen Jahr erscheint die „Geschichte der poetischen Literatur Deutschlands“.
	Im literarischen Nachlass finden sich die Aufsätze: „Die Aufhebung der geistlichen Landeshoheit und die Einziehung des Stifts- und Klostergutes in Deutschland“, „Über Verfassungs-Garantien“, „Auch ich war in Arkadien“, „Landsknecht und Schreiber“, „Erlebtes“ (1. „Der Adel und die Revolution“ und 2. „Halle und Heidelberg“). Es finden sich auch unvollendete ältere Dichtungen: „Hermann“, ein vaterländisches Trauerspiel (1810); „Wider Willen“, ein Lustspiel (1836); „Das Incognito“, ein Puppenspiel (1841); „Johann von Werth“, ein Schauspiel (1843).

Analysen & Reflexionen

Interpretationen und didaktische Anweisungen